Psychological Distance between
Individuals and Organizations
Ohashi Shigeko

個人と組織の 心理的距離

距離をとる行動のバリエーションと影響

大橋重子 著

中央経済社

はしがき

　本書では，個人と組織の関係性に注目して議論を展開している。その中でも，特に興味を持ち明らかにしたいと考えたのは，組織の中で働く個人の意思と行動である。

　仕事をしていると所属組織の見え方が，その時々で変化することがないだろうか。上司や同僚との会話や，会議での意思決定，顧客とのやり取り，といった日々の出来事によって，自分の所属する企業や組織の見え方が変わる。ある時は身近な存在として，別の場面では遠く感じ気持ちが離れるといった感覚である。個々の出来事によって影響を受ける気持ちの揺れ動きは，自分自身で意図しているのではない。しかし，これらがやがて積み重なることで意識され，個人と組織の関係性に変化を与える。それは時に，個人にとって大きな意思決定を伴う選択をする行動にもなり得る。

　筆者は，企業で勤務をする会社員であった。その間，M&A（Mergers & Acquisitions）を，所属企業が吸収される側，合併する側，双方の立場で数回にわたり経験した。企業の吸収合併の経験者であれば想像することは容易いと思うが，従業員は，勤務先が合併によって変わる過渡期だけでなく，生まれ変わった後の組織からも大きな影響を受け続ける。この変化は，同じ組織に所属していても人によって異なり，個々の従業員への影響がプラスだけでなくマイナスに働くケースもある。いずれの立場であっても従業員は，今までとは変化した組織との関係性について改めて考える環境下に置かれる。

　このような経験を繰り返す中で，従業員を注意深く観察すると，組織側の変化に影響を受けていないような行動をとる人たちが少なからずいるこ

とに気がついた。そして，なぜその渦中にいる個人の行動に違いがあるのかに興味が湧いてきた。この同僚たちの存在が，その後の問題意識への小さな種として，頭の片隅に残り続けていた。

　日々の身近な出来事でも移り変わる気持ちの変化がある中で，組織の大きな変革期に影響を受けずに働き続けるためには，どのような考えを持つことが必要なのか。この経験から浮かび上がった疑問が，個人と組織の関係性について探究するきっかけとなった。

　2024年現在，日本は生産年齢人口の減少や働く人々のニーズの多様化などに直面している。この課題を解決するため，2019年4月から働き方改革関連法が順次施行され，生産性向上とともに，就業機会の拡大や意欲・能力を発揮できる環境づくりが進められている。働く人の個々の事情に応じた，より良い将来の展望を持つことを目指し推進されている働き方改革が目指す目標は，制度面だけの改革ではない。働くことについて，当事者である個人が，どのような形で働くことを望んでいるのか，改めて考えることが求められている。

　では，具体的に何をどのようにすればよいのだろうか。この答えを見出すことは容易ではないが，働き方や組織との関係性を自分自身で考え行動するためには，現状を把握することが重要な意味を持つ。企業で働く個人が，所属する組織に対してどのような想いを持ち，どのような関係性を構築したいと考え行動しているのか。日々の業務から一歩引いた形で，改めて理解してみることが必要ではないだろうか。

　本書は，一部，加筆・修正を行っているが，このような問題意識のもと執筆した博士論文の内容が中心となっている。本書の主題は，個人と組織の関係性を明らかにすることである。その中でも，働く個人に軸足を置いた研究課題を設定して，組織行動論の分野に関わる学術書として執筆している。

その一方で，研究テーマを持つに至った経緯からも明らかであるが，企業で働く人たちにも届けたいという思いがある。本書では，社会が変化する中で，組織に所属する個人，一人ひとりがどのように考え行動することが必要なのかについて検討をしている。

　本文の中でも触れているが，個人が自律的に考え行動することの必要性が注目される中，人事側，組織側の視点での研究蓄積は多いが，個人がとる具体的な方法を示す研究は，まだ十分ではなく，実務の現場にも声として届いていない。

　心理的距離は，迷いや不安を感じた個人が能動的に考え行動していくプロセスに注目した概念である。その行動から，組織とどのようにかかわることで良好な関係性を長期的に維持できるのかを明らかにしている。本書が働く個人，一人ひとりが主体的に考え具体的に行動する際の一助になればと考えている。学術書という性質上，硬い表現も多いが，日々の仕事を行う中で，組織との関係性に迷いが生じた際に，手に取っていただくことができるような形にしたいと常々考えていた。そのために書籍として出版することに挑戦したというのが，正直な理由の１つである。

　働く人たちが自分自身で考えを巡らすためのヒントとして，また個人と組織の関係性について議論をするきっかけづくりなど，実務の現場で働く皆さまに本書を活用していただけると幸いである。

2024年11月
菊まつりで賑わうさざえ堂を臨む巣鴨キャンパスにて

大橋　重子

目　次

はしがき i

序章　個人と組織の心理的距離 ... 1
1　本書の目的とEOR研究の課題　3
2　雇用環境の変化　5
2-1　個人の働き方の潮流　5
2-2　日本における変化　6
2-3　正社員から見た組織との関係性　9
3　個人が知覚する組織の存在　11
4　本書の構成　13

第1章　先行研究レビュー ... 17
1　EORの既存概念で描かれる個人と組織の関係性　19
1-1　レビューの目的　19
1-2　レビュー範囲の設定　20
1-3　EORの古典的概念　21
　1-3-1　組織コミットメント　21
　1-3-2　個人―組織適合（Person-Organization Fit）　23
　1-3-3　心理的契約　26
　1-3-4　組織アイデンティフィケーション　29

1-4　個人と組織の関係性に見られる前提　31
　　　1-5　変化の兆候　33
　　　　　1-5-1　能動的な個人像　33
　　　　　1-5-2　概念と現実のギャップ　37
　　　　　1-5-3　従業員意識の変化　38
　　　1-6　EORの新展開　39
　　　　　1-6-1　ディスアイデンティフィケーション　39
　　　　　1-6-2　アイディールズ（I-deals）　41
　　　1-7　個人と組織の関係性の複雑化と課題　43
　　2　心理的距離のバリエーション　47
　　　2-1　対人関係における心理的距離　48
　　　2-2　マーケティング分野での応用　50
　　　2-3　組織行動論での応用　52
　　3　研究課題　55
　　　3-1　EOR研究の課題　55
　　　3-2　心理的距離の研究課題　57
　　　3-3　研究課題の提示　59
　　4　小　括　62

第2章　質的調査　63

　　1　インタビュー調査の概要　65
　　　1-1　調査対象者の設定　65
　　　1-2　調査対象者の属性　66
　　　1-3　実施期間と調査方法　67
　　2　インタビュー内容　68
　　3　分析方法　68

4　分析テーマと分析焦点者　71
5　概念及びカテゴリー生成　71
6　分析プロセスの検討　73
7　分析結果　74
7-1　ストーリーライン　76
7-2　カテゴリーグループごとの結果と考察　77
　　7-2-1　経験の蓄積　78
　　7-2-2　関係性模索　80
　　7-2-3　新たな認知の形成　82
　　7-2-4　距離をとる行動　85
7-3　組織とのかかわり方の分類　88
8　発見事実と結果の考察　89
8-1　心理的距離の存在と影響　90
　　8-1-1　行動レベル：個人が組織に近づく　91
　　8-1-2　行動レベル：個人が組織から離れる　92
　　8-1-3　行動レベル：個人が組織と距離を置き保つ　93
8-2　心理的距離の現象特性　94
8-3　質的調査での限界　96
8-4　次章へ向けた課題　96

第3章　定量分析モデルと調査デザイン　99
1　分析モデル　101
2　調査概要　103
2-1　調査手続き　103
2-2　提供データ　104
2-3　回答者の概要　104

2-4　調査項目　106
　　　　2-4-1　組織コミットメント　106
　　　　2-4-2　組織アイデンティフィケーション　107
　　　　2-4-3　ディスアイデンティフィケーション　108
　　　　2-4-4　離職意図　109
　　　　2-4-5　満足度　109
　　　　2-4-6　自己効力感　110
　　　　2-4-7　キャリア成熟度　110
　　　2-5　プレテスト　111
　3　小　括　112

第4章　距離をとる行動の探究　113
1　心理的距離の行動レベル　115
2　心理的距離の潜在因子　116
3　距離をとる行動の特性　120
　　　3-1　心理的距離をとる行動に関する仮説　121
　　　3-2　既存概念との相関　122
　　　3-3　心理的な距離をとる行動の影響　124
　　　　3-3-1　離職意図　125
　　　　3-3-2　満足度（仕事・キャリア）　129
　　　　3-3-3　満足度（地位・収入）　133
　　　　3-3-4　満足度（人間関係）　135
4　距離をとる行動の影響　140
5　ポジティブな影響　142
　　　5-1　自己効力感　142
　　　5-2　キャリア成熟度　146
6　EOR概念との弁別性　150

7 小括 151
7-1 心理的距離をとる行動の特性 152

第5章 距離をとる行動の規定要因 ……… 155
1 調査の目的 157
2 個人属性の影響 159
2-1 汎用スキルの形成因子 161
2-2 意思の表示因子 163
2-3 対人関係のコントロール因子 163
2-4 目標の分離因子 167
3 距離をとる行動に影響を与える要素 167
4 結果の考察 169

結章 結論と今後の課題 ……… 173
1 要約と結論 175
2 理論的含意 180
3 実践的含意 182
4 課題と今後の展開 184
5 結語 186

付録　調査測定尺度一覧 187
参考文献 190
あとがき 199

序章

個人と組織の心理的距離

1 本書の目的とEOR研究の課題

　本書の目的は，個人と組織の関係性について，組織の成員である個人の心理的な変容と行動に着目して探究することである。本書では，この現象を心理的距離と呼び，個人の抱く心理的距離が組織との関係性にどのように作用するのかについて検討する。

　Employee-Organization Relationship（以下EOR）の概念は，ビジネスにおける従業員と雇用者の関係が大きく変化をしていく中で注目されてきた。そのため，その描かれ方も多岐にわたり，個人と組織の関係性に注目したミクロレベルの概念も数多く存在している（Coyle-Shapiro & Shore, 2007）。これらの研究成果が蓄積されたことにより，実践的な示唆が導き出され応用されている。

　しかし，それぞれについて注意深く見てみると，個人に焦点を当てている概念であっても，実際には，組織側が主体となって制度や環境を整えることなどに議論が帰結しているケースも多く見受けられる。例えば，組織コミットメントの研究では，組織に重点を置いた経営管理的なアプローチによって，従業員の離職について検討されてきた。個人は組織によってマネジメントされる存在として扱われ，個人が組織をどのように認知しているのかという主体的な意味合いにおいては関心が持たれてこなかった（小玉, 2017）。組織内部での個々の差異に特別な配慮が向けられていない組織学習研究の現状について安藤（2001）は，本来の主役である組織のメンバーの視点を抜きにして現象を理解することは難しいと，個人側に軸足を置いた研究の必要性を問うている。

　従業員と組織の両者にとって望ましい関係性に結論が到達することは重要であるが，これらの指摘から見ると，その主導権はあくまでも組織側と

いう視点が背後には存在している。一方，従業員自身が能動的に考え行動するため実践的に応用可能か，という意味では必ずしも十分ではなく，EORの概念は，実際に働く個人がどのような形で活用できているかという点から見ると，まだ課題が存在している。

　本書では，個人の視点から見た組織との関係性を捉えたEOR概念に焦点を当て，既に研究が蓄積されているEOR概念のレビューを通し批判的に検討をしたうえで，暗黙知として存在している共通性を明らかにする。そのうえで，従業員側の視点としてほとんど注目されてこなかった現象特性を，組織行動論の領域に応用することを試みる。具体的にはそれが，個人が所属する組織に対して抱く心理的距離であると考えている。雇用環境の変化を受け，組織に対して一体感や安心感を得ることができない従業員の実態が明らかになっている現在，自身が所属する組織であっても一歩引いた立ち位置で関係性を捉え維持することが，現実的に起こっていると推測している。

　本書において，そのような形で存在している心理的距離にあえて着目するのは，この心理的距離を調整する行動が，組織行動論のEOR研究の中で見落とされていた視点であり，今後注目すべき論点だと考えるためである。

　以上の理由から，本書で取り扱う関係性を考えるうえでの主体は，組織ではなく個人と設定する。個人が能動的に考えて行動する姿に焦点を当て，個人が組織に対して抱く心理的距離とは，どのような現象として捉えることができるのかについて探究する。

　本書では，この新たな視点から個人と組織の関係性を捉えることにより，心理的距離とはどのような現象なのかについて，理論的貢献，実践的貢献の両面から検討をしていく。

2 雇用環境の変化

2-1 個人の働き方の潮流

　2000年代初頭，個人が主体となる働き方，組織にとらわれない働き方，個人が自らキャリア形成していく働き方などが注目され始めた。その中の1つ，組織に所属しない個人の存在を描き，働き方の形を変える必要性を問うて提唱されたのが，フリーエージェントである（Pink, 2002）。1900年代，組織に所属することが個人にとって必要不可欠であるとして，その姿を描いたWhyte（1956）のオーガニゼーション・マンの対極にあるような働く個人の姿に注目したフリーエージェントは，組織に縛られず自分の未来を自らの手で切り開く人たちとして描かれている（Pink, 2002）。ここでの個人は，独立した形を取りながら人と人との繋がりを重視し，社会と結びついている点に特徴が見られる。特定の組織に入るのではなく，ネットワーク型の繋がりを組織や個人の間で構築しながら仕事をするスタイルは，人は他人と協力して，初めて価値を創造できるというWhyte（1956）の言葉を，組織に属さない形で実現しているという点で興味深い。

　自律型の新しい働き方は，Gratton（2011）も自身の著書で紹介している。世界は目まぐるしいペースで変化し，仕事はこうあるべきという固定概念が過去のものになり，新たな選択とチャンスが拡大している。みんな同じで普通がよいという考えではなく，「他の人とは違う一人の個人として自分の生き方に責任を持ち，自分を確立していく覚悟が必要だ」と，働く個人の意識が変化することの必要性を問うている。そして，Gratton（2011）もPink（2002）と同様に，社会との繋がり，人的ネットワークの必要性について触れ，個人が自分で考えキャリアを構築するには，人との

繋がりを意識的に築いていくことが重要であると述べている。

2014年には，企業と従業員がこれから進むべき道として，雇用を「取引」ではなく「関係」として捉えるアライアンスという考えが示された（Hoffman, Casnocha & Yeh, 2014）。終身雇用が保証できない環境下で，組織が変化に適応していくためには，従業員とアライアンス契約を結ぶ必要があるという考えである。このアライアンスとは，自律したプレーヤー同士がお互いにメリットを得ようと期間を明確に定めて結ぶ提携関係であり，Hoffman, Casnocha & Yeh（2014）は，これを組織と従業員の間にも応用することで，両者の信頼関係が増し，結果的に強いビジネスと優れたキャリアを享受できると説明している。

これらの議論には共通した特徴がある。1つめは，描かれる個人像である。個人は，能動的に考え行動し，組織を依存対象ではなく対等なものとして捉えている。2つめとして，そのような個人は，会社組織の外の世界に人的ネットワークを構築しているという点である（Pink, 2002；Gratton, 2011；Hoffman, Casnocha & Yeh, 2014）。これらの共通点に鑑みると，将来にわたり長期的に個人と組織の関係性について考えていくには，この2つの視点が重要であることが分かる。それは組織に所属する従業員であっても同様で，参考にすることが必要な特徴と考えられる。

2-2　日本における変化

このような考え方の流れを受け，日本においても個人がどのように企業や社会とかかわりを持ち，仕事に従事することが必要なのかという話題に注目が集まっている[1]。また，実際に働く個人の意識や行動自体にも変化

---

1) 2017年9月「人生100年時代構想会議」が政府主導で発足し，教育の負担軽減・無償化，リカレント教育，人事採用の多元化などが議論され始めている。100年という長い期間をより充実したものにするためには，幼児教育から小・中・高等学校教育，大学教育，さらには社会人の学び直しに至るまで，生涯にわたる学習が重要であり，高齢者か

が見られる。その1つが、転職である。2023年の労働力調査では、企業で働く人の約10％が1年間のうちに転職をするというデータが公表されている[2]。山本（2008）は、2000年代に入り、転職による入職者の割合の比率が新規採用を上回っていることや、転職経験のある有職者の割合が2人に1人になっていることなどを例に挙げ、既に転職は一部の労働者が経験するものではないと指摘している。

これら転職に関わる数値が示す意味が、先に示した自律型の考えに影響を受けた個人が自らの意思で自発的に行動した結果であるか否かは明らかでない。しかし、実社会においても、1つの企業で一生勤め上げるという働き方自体、一般的な形ではなくなりつつあると推測される。先の山本（2008）の指摘のように、転職は現代の勤労者にとって避けては通れない問題であり、ある組織で仕事に従事している間であっても、別の組織での仕事に目が向くなど転職を意識する経験自体が、個人にとって珍しいことではなくなっている。このような形で、個人がどのように企業とかかわりを持ち、どのような形で仕事に従事したいのか、自ら考える機会が増えてきている。

2000年代以降に広がり始めた働き方を問う声は、個人側だけではなく、企業側の変化による要因からも確認することができる。日本国内でも雇用形態の多様化が進み、大企業を中心に従来見られた長期雇用慣行や年功序列型の人事処遇にも部分的な変容があり（山岡, 2006）、日本企業の雇用は、これまでよりも長期的な色合いを弱め始めた（高木, 2003）。研究分野においても人材マネジメントに関する考え方が揺らぎ、先の転職の例のように

ら若者まで、全ての国民に活躍の場があり、全ての人が元気に活躍し続けられる社会、安心して暮らすことのできる社会をつくることが重要な課題である（平成29年/2017年12月付 人生100年時代構想会議 中間報告）。
2) 令和4年1年間の常用労働者における転職入職者数は496万9,900人、転職入職率は9.7％であった（令和5年/2023年8月22日付 令和4年雇用動向調査結果の概要）。

労働市場流動化論が主張されてきた。実務の現場においても，生産性に準拠して賃金を決定する成果主義や非正規雇用者の増大に見られる雇用の外部化が進展するなど，企業は様々な施策を導入し始めた（守島，2001）。そのような状況下，守島（2006）は，企業に勤務するホワイトカラーを対象とした調査から，「成果主義＋長期雇用」という内部労働市場のルールの変化が起きていることを明らかにしている。そして，この変化は，従業員の高齢化や管理職など人件費の高い層の増加によるプレッシャーの結果であり，この内部労働市場のルールの変化と成果主義の導入は，長期雇用による安定性が欠如していると予想される企業の場合，働く人の意欲を下げ，職場の協業を低下させる可能性があると指摘している（守島，2006）。

　このような議論を経てきた日本の雇用環境は，2024年現在，さらなる変化の時代に入っている。その１つが多様化である。労働力人口に占める女性及び65歳以上の人材の労働参加率は，少子高齢化に伴う生産年齢人口の減少[3]を補完する形で上昇傾向にある[4]。労働力の構成要員が変化したことにより，労働者の働き方のニーズが多様化し，育児や介護と仕事の両立などの課題が今まで以上に顕著になってきている。そのため，労働者が多様な働き方を選択できる社会の実現に向けた議論や，働き方改革を総合的に推進するための法令の整備が行われ，長時間労働の是正，多様で柔軟な働き方の実現，雇用形態にかかわらない公正な待遇確保の措置などの取り組みが始まっている[5]。

　社会全体の動きと同時に，企業の動きとして，2019年５月に入り，従業

---

[3] 少子高齢化の進行により，我が国の生産年齢人口は1995年をピークに減少に転じている。2023年の生産年齢人口（15歳〜64歳）は7,397万2,000人（総人口の59.4％）である（総務省令和５年/2023年８月１日確定値　人口推計）。
[4] 2010年と比べると，2015年の労働力率は，男性が2.9ポイント低下しているのに対し，女性は0.4ポイント上昇している。65歳以上の割合は，男性0.3ポイント，女性1.8ポイント上昇している（総務省平成27年/2015年「国勢調査」）。
[5] 働き方改革関連法は2019年４月に施行（中小企業は2020年４月から施行）。

員とのかかわり方，日本的雇用システムの1つである長期的な生活保障の見直しが話題に上がり始めている。その1つが，終身雇用を見直す必要性についての発言である。

　Abegglen（2004）は，かつて終身雇用制度を日本的経営の柱として捉え，日本の勝ち組企業は，いずれも日本的経営の雇用制度をほぼ維持している事実があり，終身雇用制度の維持は日本を代表する経営者に共通した見解であると述べていた。しかし，それから15年が経過した2019年，そこに名を連ねていた日本を代表する企業の経営者や経済界の代表者から，終身雇用制度に対するインセンティブの低下[6]や長期雇用保障を守りきる難しさについての見解[7]を示す発言が出てきている。このような形で日本国内においても，社会環境だけではなく雇用環境の面から個人，企業の双方に変化の兆候が現れてきている。

2-3　正社員から見た組織との関係性

　働く個人と組織に変化が見られる中，視点を変えてみると，日本の就業者の約90％が企業等，いずれかの組織に雇用される形で仕事を得ているという現実がある[8]。ほとんどの就業者にとって，組織とかかわりを持つことが必要である点について変わりはない。そのような環境下，正社員に焦点を絞ってみると，2017年度に公表された労働政策研究・研修機構（JILPT）

---

[6]　日本自動車工業会の豊田章男会長（トヨタ自動車社長）が2019年5月13日，記者会見で終身雇用について「雇用を続ける企業などへのインセンティブがもう少し出てこないと，なかなか終身雇用を守っていくのは難しい局面に入ってきた」と述べた。「今の日本（の労働環境）を見ていると雇用をずっと続けている企業へのインセンティブがあまりない」と指摘。現状のままでは終身雇用の継続が難しいとの考えを示した。
[7]　経団連の中西宏明会長（日立製作所会長）は2019年5月7日の定例会見で，「企業からみると（従業員を）一生雇い続ける保証書を持っているわけではない。制度疲労を起こしている。終身雇用を前提にすることが限界になっている」と発言をした。
[8]　2023年12月の就業者数6,754万人，雇用者6,114万人（総務省統計局　就業状態別15歳以上人口，産業別就業者数，完全失業者数データ，2024年1月30日公表）。

の調査では，次のような結果が明らかになっている。1つは，2000年代に入ってから，日本の大企業において男性の転職入職率は上昇しているものの，製造大企業では安定して推移しており，長期雇用慣行がおおむね持続されているという点である。2つめとして，非製造業においても産業の拡大により転職入職率は上昇傾向にあるが，離職率を見ると比較的安定して推移している。そして，3つめ，このような長期雇用慣行の動きは中小企業でも見られ始めている。以上の3点が調査データから示されている（高橋，2017）。

　正社員という立ち位置からは，先に述べた組織にとらわれない自律型や，転職を視野に入れた働き方とは異なる実態が見えてくる。また，変化の兆候はあるものの，1つの企業で長期的に勤める形は維持している。この状況から，正社員にとって，組織と長期的にかかわりを持つことや，良好な関係性を築くことは，引き続き必要であり，重要な課題であることが読み取れる。

　しかし，年功的処遇の後退に加え，終身雇用制度の見直しなど，社会の潮流の変化や働き方に対する様々な議論によって，個人と組織の関係性は，画一的ではなくなり複雑さを増してきている。この複雑な関係性は，正社員の意識にも影響を与え始めている。その例として，労働政策研究・研修機構（2017）の調査では，正社員の範囲が縮小し，従業員構成が多様化していること，共通の職業観・価値観で働くことが難しくなっていること，年功的賃金・昇進が特に男性労働者にとって後退していること，などを反映してなのか，職場の一体感や良好な人間関係にも陰りが生じていることが明らかにされている。そして，長期雇用慣行は持続し支持も強いが，職場集団は少なからず変質していると指摘をしている（高橋，2017）。また，一定の年齢を過ぎた労働者が新規に就職することや待遇のよい仕事に就く機会が著しく制約されるといった課題に加え，一般的に長期雇用慣行その

ものが女性にとって不利に作用するといわれる（池田，2017）。以上の理由から，労働者の多様化に伴う構成要員の変化も従業員の意識に影響していると思われる。

このような形で，安定した組織と個人を前提とした関係性は，両者の側から変化をし始めている。その変化の兆しを，正社員自身が感じ取り，組織との関係性について考える機会が増えていることは確実である。

3 個人が知覚する組織の存在

本書において個人と組織の関係性を検討するにあたり，個人にとっての組織とは，どのような存在として捉えることができるのか。ここで改めて組織の定義について説明を試みたい。

Whyte（1956）は，人間は社会の一単位として存在しているが，自分一人だけでは，孤立し無意味であり，社会の中で他人と協力することにより，初めて価値あるものとなると説明している。そして，集団の中で自分を昇華させることで，社会の一単位としての総和より，もっと偉大な全体を生み出す助けを果たすと，個人にとって組織は必要不可欠なものであると位置付けている。Whyte（1956）は組織について，自分一人だけではその存在自体が意味を持たない状態にある個人に対し，個人の持つ力以上の成果を生み出す可能性を秘めた大きな存在と捉えている。

同じ時代背景の中，Drucker（1954）は，あらゆる先進社会が組織社会になったと指摘したうえで，「今日の市民の典型は被用者である。彼らは組織を通じて働き，組織に生計の資を依存し，組織に機会を求める」と個人と組織の関係性を説明している。その組織の役割は仕事を与えるためだけでなく，個人に自己実現とともに，社会における位置付けと役割を与えると，20世紀後半，社会の変化に伴い出現し急速に発展した企業組織が，

個人にとって大きな存在となったことに注目している（Drucker, 1954）。Whyte（1956）と同様にDrucker（1954）も，組織は個人が自己実現をするための力を発揮する必要不可欠なものとして捉えていることがわかる。

　Levinson（1965）も，組織は個人が仕事を成し遂げるための社会的機能として重要なものであると位置付けている。そして，この組織に対して個人が抱く心理的な関係性を「転移」と表現し，個人にとって組織は，変化の早い社会の中で心理的な喪失感を補う存在であると説明している（Levinson, 1965）。このように1950年代以降，個人にとっての組織は，急速に進む近代化の中で，単に仕事を与えてくれるだけの存在ではなくなっていることが分かる。変化をする時代背景のもと，組織は個人にとって大切な存在，頼るべき大きな存在として描かれている。その後も「組織とは何か」についての議論は，展開されている。Schein（1980）は，組織とは，まず人々の頭の中で生まれるものであるとし，組織は人々によって作り出されるという認識を示した。組織は人によって創造されたイメージをもとに形になり，そのイメージを共有することで，人々の頭の中で作り出されるものであると説明している。

　このような形で議論されてきた個人にとっての組織は，創造されたイメージを組織という名のもと，あたかも実体のある存在のように認識するという共通点がある。実体ないものの形を想像するために必要となる間接的な対象は，個人がその組織に新しくメンバーとして加わった時点で準備されている日常の仕事，規範，物事の処理方法，伝統，規則，職務記述書，特殊な用語などであり（Schein, 1980），これらを学び身につけることで，個人は組織を意識し，目には見えないが存在するものとして創造している。

　この組織の存在について服部（2011）は，個人は組織の存在を，実際には上司，同僚，部下，人事担当など複数かつ具体的な人物として，また文化や伝統など多様な対象とかかわり合いを持つ中で擬似的な主体として捉

えていると説明している。本来は具体的な個人や文化，伝統など，体現している対象に向けた組織に対して抱く感情や態度は，いつしかその具体的な対象から離れ，擬似的な組織に対して向けられているのである（服部，2011）。

　本書における組織の定義は，これらの議論に依拠する形を取る。このように組織は，個人にとって仕事を成し遂げるための大きく必要不可欠な存在である。組織を擬似的な主体として捉え，目に見えないが個人の中には確実に存在しているものと定義をして，今後の議論を進めていく。

4 　本書の構成

　本書では，以下の流れで議論を進めていく。序章では，本書の目的が示され，個人と組織との関係性について問題意識を持つに至った経緯について説明を行った。具体的には，雇用環境をはじめとした日本における変化，特に正社員の置かれる立場に注目し，問題の背景を明らかにしてきた。そのうえで，議論を進めるにあたり前提となる組織の存在と捉え方について整理をした。

　第1章では，個人から見た組織との関係性を描いたEORの既存概念のレビューを行い，概念の根底にある共通点や暗黙知について説明を試み，本書で明らかにする論点を提示していく。さらに，本書において焦点を当てている心理的距離について社会心理学やマーケティング論など，組織行動論の分野以外にも範囲を広げたレビューを実施したうえで，概念のバリエーションを整理する。そのうえで，レビューにより明らかになった課題を踏まえ，本書における心理的距離の概念の応用の意義と，具体的な研究課題を提示する。

　第2章では，質的調査方法としてインタビュー調査の概要と修正版グラ

ウンデッド・セオリー・アプローチを使用した分析手法と手順の説明を行う。そのうえで，企業に勤める正社員を対象としたインタビューデータをもとに行った，修正版グラウンデッド・セオリー・アプローチによる分析結果を示す。質的調査により明らかになった心理的距離の現象特性の説明を試みることで，第1章で設定した研究課題について探究していく。具体的には，個人は組織との関係をどのように調整しながら維持することに努めているのか，その変化の過程をプロセスとして提示する。さらに，心理的距離の現象特性について探索的に検討し，その現象から説明できる認知や行動への影響を明らかにする。最後に，分析から得られた結果の考察をしたうえで，質的調査分析の限界と問題点を示し，次章に続く課題を提示する。

　第3章では，質問紙票によるデータを使った量的調査の分析モデルと調査デザインについて説明を行う。具体的には，サーベイの具体的な手続きとデータ概要の説明を行ったうえで，今回の調査に用いた先行研究の尺度を用いた質問項目の詳細を提示する。

　第4章では，前章で概要説明を行ったサーベイのデータを用いて行った定量分析の結果を提示して，定性調査によって見出された心理的距離を，より具体的に理解するために現象特性を探る。また，定性調査では明らかにできなかった課題についても，定量分析によって探究を進めていく。そのうえで，組織行動論における心理的距離の現象特性を明らかにし，個人が組織との関係性を能動的に調整する意味を検討していく。最後に，得られた結果から考察を行う。

　第5章では，心理的距離の規定要因について探究を行っていく。心理的距離の4つの距離をとる行動の先行要因に注目し，第3章で概要説明をしたデータを使って定量的な分析を行っていく。その分析結果をもとに心理的距離に結びつく先行要因を明らかにし，個人が組織に対して心理的距離

を抱く要因について探究をする。

　最後に，結章として，今回行った調査分析により明らかになった心理的距離とそれに伴う認知や行動を改めて整理したうえで，本書における理論的含意，および実践的含意と，今後の課題を提示する。

第 1 章

先行研究レビュー

1 EORの既存概念で描かれる個人と組織の関係性

ここまでは本書の目的を示し，個人と組織との関係性について問題意識を持つに至った経緯について説明を行ってきた。本節では，組織行動論のEOR既存概念のうち個人の視点から見た組織との関係性をミクロレベルで捉えた概念についての先行研究レビューを行う[1]。

1-1 レビューの目的

レビューを進めるにあたり，次の4点を整理し，明確にすることを目的とする。1つめは，個人から見た組織との関係性が，何に焦点を当てて説明されているのかである。既存の概念では，どのような点に注目し描写されているのか，その特徴について整理をする。2つめは，それぞれの概念が，どのような個人観，組織観に立脚しているのかを明らかにする。つまり，どのような個人や組織を想定しているのか，その特徴を抽出する。3つめは，序章で示したような変化を前提としたとき，個人と組織の関係性を捉えた既存の概念が，いかなる意味で限界を抱えているのかを明確にする。その際，個人の能動性の捉え方の例として，プロアクティブ行動やバウンダリーレス・キャリアなどEOR以外の概念についても参照する。そして最後，4つめとして，そのような限界を踏まえたうえで，本書における方向性を提示する。以上，4点について明らかにすることを目的に，既存概念のレビューを行い整理していく。

---

[1] Employee-Organization Relationship（EOR）の概念を整理した研究には，Coyle-Shapiro & Shore（2007）や，組織行動論の研究でどのようなキーワードが頻出しているかに注目したHeath & Sitkin（2001），日本企業の人材マネジメントの変化が日本企業におけるEORの変化にどのような影響を与えているのか，根底をなすEORとはどのようなものなのかを探究した服部（2016）が詳しい。

1-2 レビュー範囲の設定

　序章でも述べた通り，個人と組織の関係性に注目したミクロレベルのEOR概念の種類は数多くあり，その描かれ方も多岐にわたっている（Coyle-Shapiro & Shore, 2007）。ここではまず，本書においてレビュー対象とする概念をどのように絞るのかについて説明をする。序章に示した問題意識とも照らし合わせ，本書では，次の範囲で対象を考えていく。

　1つめは，個人の視点である。今回のレビューは，個人から見た組織に注目した概念を対象とする。そのため，本人のモチベーションに関する概念，働く個人と仕事との関係に注目したワーク・コミットメント，個人像に注目したリーダーシップや自己効力感の概念，また，組織像を中心に描かれている組織文化などは対象外とする。さらに，組織がどの程度，自分たちの貢献を評価してくれているかという従業員の知覚を描いた組織サポートなど組織側に注目し個人との関係性を説明する概念も除く。

　2つめは，関係性の詳細を理解するにあたり，具体的に個人がどのような存在として組織を捉え，態度と行動に影響を与えているのかを描いている概念を対象とする。そのため，個人が自己の属する組織の規範・価値観・習慣的行動様式を学習し内面化していく過程を描いた組織社会化，仕事仲間や組織構成員間との関係性などに注目したチームワークはレビューの対象外とする。

　さらに，問題意識との関連性に鑑み，対象とする先行研究の概念を選ぶにあたり，組織行動論研究のキーワードに注目し網羅的にレビューをしたHeath & Sitkin（2001）と，服部（2016）のレビュー論文での抽出方法を参考にした。その結果，今回の対象を，組織コミットメント，個人-組織適合（P-O Fit），心理的契約，組織アイデンティフィケーション，ディスアイデンティフィケーション，アイディールズ（I-deals）と設定した。

1-3　EORの古典的概念

1-3-1　組織コミットメント

　組織コミットメントは，組織に対する帰属意識を表す概念として組織心理学の分野で研究が蓄積され，尺度開発により実証研究も多く行われてきた[2]。なお，組織コミットメント研究の展開については，鈴木（2002），高木（2003）やWeiBo, Kaur & Jun（2010）に詳しい。ここでは，先に示した本書の目的に沿って変遷を追いながらレビューを試みる。

　個人が組織に所属し続ける一貫した行動の理由は何であるかに注目し，コミットメントのコンセプトを提示したのがBecker（1960）である。社会学者であるBecker（1960）は，社会学の分野で広範囲にわたり使用されていたコミットメントの概念について整理することを試みた。そして，コミットメントは，組織と個人の交換関係のうえに成り立つと考え，個人がとる首尾一貫した行動について説明をするため，本来，その行動には無関係である，何かとのかかわり合いについて認知する行為に注目をした。具体的には，コミットしていく行動を投資や賭けに例え，「サイドベット」と称した。個人は，組織に何らかの投資をする行為を続けることにより，自ら将来の行動に関わる選択の自由を手放す。例えば，客観的に見ると条件のよい転職先のオファーを断るなどの行為がそれにあたる。Becker（1960）はコミットメントについて，組織が自分の求めるものを与え続けてくれる限り，その組織に所属することが，理想を追うことよりも賢明という判断のもと，個人と組織の間で経済的な交換関係が働いていると捉えた。このアプローチは，サイドベット理論と呼ばれ，初期のコミットメント研究における礎を築いたと考えられている（WeiBo, Kaur & Jun, 2010）。

---

[2]　2024年2月現在，Google Scholarで492万件の文献がOrganizational Commitmentをキーワードとして検出される。

Becker（1960）のサイドベット理論により，個人の行動的な側面から概念化が進められたコミットメント研究は，その後，組織を対象とした心理的な側面に注目したアプローチへと焦点が移行した（Porter, Steers, Mowday & Boulian, 1974；Mowday, Steers & Porter, 1979）。これらは，態度的コミットメントと称され，行動的コミットメントとは別の，個人が組織に抱く心理的な態度に注目した概念として定義付けされた。さらに，Mowday, Steers & Porter（1979）は，経済的な契約という側面ではなく，組織コミットメントを情緒的な態度として捉え，①組織のゴールや価値観を強く信じ受容すること，②組織の代表として進んで努力すること，③組織のメンバーで居続けることを強く望むこと，の3つの要素と関連付け，評価尺度として15項目から成るOrganizational Commitment Questionnaire（OCQ：Mowday, Steers & Porter, 1979）を開発した。

　このOCQは，組織コミットメントを測定する尺度として用いられるようになり，その後の実証研究の広がりに大きく貢献をしたが，これ以降も測定尺度を開発する研究は進められ，尺度設計上の定義付けが複雑になるという問題が顕在化した（WeiBo, Kaur & Jun, 2010）。この状況下，Allen & Meyer（1990）が組織コミットメントの概念を整理し，3つのフレームワークを用いたアプローチを提案した。これは，Becker（1960）のサイドベット理論や，Mowday, Steers & Porter（1979）のOCQを基本に作成された概念として定義付けされ，継続的コミットメント，情緒的コミットメント，規範的コミットメントの3つの要素によって示された（Allen & Meyer, 1990）。さらに，Meyerらは，3つの要素それぞれについて測定尺度を開発し検証を行った（Meyer & Allen, 1991；Meyer & Herscovitch, 2001；Meyer, Becker & Vandenberghe, 2004）。これ以降，組織コミットメント研究では，この3つの尺度を用いた調査が主流となり，多くの研究者によって実証研究が進められた（WeiBo, Kaur & Jun, 2010）。

2000年代に入ると,モチベーションとの関連についても開発が進み(WeiBo, Kaur & Jun, 2010),尺度の整合性が検証され,さらに,この尺度に時間的要素を組み合わせ,規範的コミットメントと他の2つの発生時期の相違を整理する研究(Cohen, 2007)や,コミットメントが仕事成果に与える影響と3つの尺度を統合し測定した研究(Somers, 2009)など,新しい視点での探究が進められている。

このような変遷を経て研究が蓄積されてきた組織コミットメントは,個人が所属する組織に対して情緒や規範,失うものの大きさから離れるに離れられない関係性にあることを認知するという点に注目している。自分が所属する組織についてどのように感じ,考えて,のめり込んでいくのかについて議論が展開している一方で,個人の能動的な側面,例えば,個人が組織に対して積極的に関係性を構築する,もしくは関係性そのものを変化させるために自ら組織に働きかけるといった行動についてはほとんど触れられていないという特徴がある[3]。

1-3-2　個人-組織適合(Person-Organization Fit)

個人から見た組織との関係性を適合(Fit)という側面から捉えた概念が個人-組織適合(P-O Fit)である。心理学や組織行動の研究分野において適合(Fit)や合致(Congruence)の一般概念は,長期にわたり重要視されてきた(Nadler & Tushman, 1980)。その中の1つであるP-O Fitは,個人と組織が類似した特性を共有して,お互いの要求を満たす程度に注目し,二者間の適合を示した概念である(Kristof, 1996)。

Sekiguchi(2004)によると,この概念はSchneider(1987)のAttraction-Selection-Attrition(ASA)のフレームワークまで遡るという。Schneider

---

[3] 鈴木(2002)は,組織コミットメントの変化に関する研究はほとんどないという指摘のもと,日本企業を対象に年齢や勤続年数と結びつけ変遷を追う実証研究を行っている。

(1987) は，ある状況下にいる個人は，それを無作為に選択しているのではなく，自身にとって魅力的な状況を探し，選択して留まっていると考えた。そして，このSchneider（1987）のASAの枠組みは個人と組織の間でも機能して，個人は組織について自分に適しているか否かに関心を持ち，選択し，留まることを自ら選択しているのである。これがP-O FitのルーツであるとSekiguchi（2004）は指摘している。

　このような枠組みをもとにしたP-O Fitの概念であるが，様々な定義や調査によって混乱していた。実証研究においても，①組織に加入する際の視点として個人が仕事を探し選択する時や組織による採用時，②個人または組織側から見た社会化，③結果としての勤務態度や離職意思・人員削減・ストレス・社会的行動・パフォーマンスなど，研究者により様々な視点や側面での調査が実施され，統一されていないという課題があった（Kristof, 1996）。この課題について，Kristof（1996）は段階的に整理することを試みた。その過程で，P-O Fitは，Person-Environmental Fit（P-E Fit）の下位概念として，P-E Fitに職業・グループ・仕事の3つの構成要素が加わったコンセプトであるという位置付けをした（Kristof, 1996）。

　さらに，Kristof（1996）は，多くの研究者によって幅広い捉え方をされているFit（適合）の内容を2つの視点で分類し説明を試みた。1つめは，Supplementary FitとComplementary Fitの区別である。欠落しているものを補うための適合（Supplementary Fit）と，既にある状態のものをさらに完璧にするために補充する適合（Complementary Fit）の違いを指摘し明確に区分した。2つめは，「需要－供給」と「要求－能力」の視点である（Caplan, 1987；Edwards, 1991）。「需要－供給」の関係によるP-O Fitは，組織が個人の要求，願望や好みを満たす時に現れる。対照的に「要求－能力」は，個人が組織の要求に応じる能力を発揮する時に生じる適合を意味している（Kristof, 1996）。

このような整理をしたうえで，P-O Fitで提示されている適合の持つ意味は，①個人または組織のいずれかが，もう一方の必要とするものを提供する，②個人と組織が類似した基本的な性質を共有する，③もしくは，その両方であるとした（Kristof, 1996）。

幅広い捉え方によって議論が重ねられてきたP-O Fit概念を使った実証研究では，規範的コミットメントと仕事満足度には正の相関，離職意思とは負の相関があることが明らかになっている（O'Reilly, Chatmen & Caldwell, 1991）。

日本では，Sekiguchi（2004）が，採用活動におけるP-O FitとPerson-Job Fit（P-J Fit）について先行研究の整理をして，国や文化によって採用活動におけるP-O FitとP-J Fitの役割の違いがあることを指摘している。

実証研究では，竹内（2012）が日本の組織を対象に調査を行っている。竹内（2012）は，組織との適合（P-O Fit）を重視して採用活動を行っている企業が多い一方で，仕事に関しては，特定の「職務（Job）」よりも幅の広い「職業（Vocation）」概念に基づいて採用活動や新規学卒者の就職活動が行われている現状に注目した。そのため入社前の職務探索行動と入社後の組織適応とを繋ぐ概念として，P-O Fitと個人－職業適合（Person-Vocation Fit：P-V Fit）を測定し，その結果として，入社前のキャリア探索行動が入社後の組織適応に効果的な影響を及ぼすことなどを確認している（竹内, 2012）。

P-O Fitは，仕事をする場である組織が自分自身に合っているかという視点について，個人から見た組織との適合をもとに概念化されている。このように個人が組織と何において適合を見極めるのかを明らかにすることは必要である。一方，ここで描かれる両者の関係性は，長期的なものではなく，採用や入社など，ある特定の時点での適合を評価するという形をとっている。

また，既に一定の条件で存在している組織が，自分自身に合うかどうかを見極めるという視点であり，個人から組織に対し適合するように働きかけることや，どのようにかかわり合いを持ちたいのかなど関係性という視点において，具体的な意思や行動を示す能動的な個人の側面には触れていない。

1-3-3 心理的契約

組織との交換関係を契約という視点から概念化した理論が心理的契約である。Levinsonらは，滅多に自覚することはないが，組織と個人のそれぞれ交換関係にある当事者が，お互いの関係を規定する一連の相互期待を心理的契約と称した（Levinson et al., 1962）。心理的契約を説明するにあたりSchein（1978）は，組織と個人の相互受容に注目している。この相互受容は，常に付きまとうのではなく，新しい従業員と雇用する側の双方にとって重要な変わり目に意識され，様々な象徴的な実際の出来事を通じて形成されるもの，これが心理的契約であるとしている。

また，Schein（1980）は心理的契約が形成される特徴について次のように説明している。個人は，一定の学習や社会化を経て，暗黙のうちに組織に対して様々な期待を抱く。一方で組織側も従業員に対しイメージを高め，忠誠であり秘密を守り組織のために最善を尽くしてくれることを期待し，信頼するという相互期待が働く。Schein（1980）は，心理的契約について，個人と組織，双方に見られる現象であると捉えていることが分かる。

さらに，心理的契約は組織の中で幾度も交渉され直すことや，個人側，組織側，それぞれの要求も時間の経過に伴い変化すると指摘している（Schein, 1978）。このような形で心理的契約は，個人と組織，両者の間に生じる描き出すことのできない期待感を反映した概念として定義付けられ議論が進行してきた（Levinson et al., 1962；Schein, 1978, 1980）。

初期の心理的契約に関わるLevinsonやScheinなどの研究から少し時間を経て，Rousseau（1989）が心理的契約について「当該個人と他者との間の互恵的な交換について合意された項目や条件に関する個人の信念」(Rousseau, 1989）と定義をしている。服部（2011）は，このRousseau（1989）による概念の再定義が，その後の研究の広がりに影響を与えたと指摘している。それまで心理的契約の定義は，個人と組織，双方の視点を対象として考えられていたが，Rousseau（1989）は，個人から見た信念であるとした。この個人側からの視点，個人の知覚であるという定義付けは，先に紹介したLevinson et al.（1962）やSchein（1978）とは異なる見解である。

　服部（2011）は，Rousseau（1989）の概念の再定義に含まれる，個人の信念（individual's beliefs），合意（agreement），項目（terms），互恵的な交換（reciprocal exchange）の，4つのキーワードに注目し，これ以降の心理的契約の研究にもたらした影響について次のように説明をしている。心理的契約のコンセプトは，個人と組織の両者の視点を対象としたため，組織と個人両者間の認識をどのように測定するのかという課題があった。しかし，Rousseau（1989）の再定義により，従業員による知覚現象としたことで，組織側の視点の扱いが困難という測定上の問題が回避され，分析単位の転換が起こった。これにより実証研究や測定が可能になり，心理的契約は初期の散発的な段階から実証研究が蓄積的に展開される段階へと移行した（服部, 2011）。これ以降，心理的契約の研究は，契約の内容に関わる研究群と，組織側による契約の履行／不履行に注目する研究群に分かれ，近年ではより複雑なモデルの検証へと研究者の関心が移ってきている[4]（服部, 2013）。

---

4) 心理的契約の研究の包括的なレビューについては服部（2011, 2013）に詳しい。

以上のような経緯を経て研究が蓄積されてきた心理的契約の概念は，2000年代に入り，日本でも安定雇用を前提とした関係性の変化により，心理的契約が変わることや崩れる影響について研究が進められている。守島（2001）は，成果主義の導入により，従業員間の競争意識が高まり職場が厳しい場に変化したことにより，働く個人の心理的契約が，これまでよりも企業から自律的な形で影響している効果があると指摘をしている。

　また，個人側の変化について，服部（2008）は，転職経験の有無に注目した調査を実施している。ここでは，転職経験者は組織の義務としての長期雇用保障と従業員の義務としての権限受容について，未経験者に比べ重視していないという違いを確認している。そのうえで，転職経験を持つ個人においては，互恵的な関係が成り立っていない可能性について指摘をしている（服部, 2008）。しかし，組織とのかかわり合いを長期的で従属的なものとは考えていない一方で，その組織に所属している限りは，援助を期待しながらも，自身も組織のために献身しようとする姿を見出すなど（服部, 2008），新しい個人像を捉えるデータも出てきている。

　このような流れを経て概念化が進んできた心理的契約は，個人が組織に対し期待と義務を認識し，それに従い行動することや個人側の時間的な変化にも注目しているという点に特徴を見ることができる。また，組織と個人の関係性の本質について，両者の間の相互期待が成立し，且つ，それをお互いがきちんと履行し続けていることを求めている概念であり，ここでは，愛着や価値観の一致など，お互いが何らかの意味で入れ込んでいる，強い結びつきにあることを前提としていない。そのような意味で，組織コミットメントやP-O Fitと比較すると，個人と組織の一歩引いた割り切った関係性に注目したものといえる。

　一方で，他の概念と同様に，前提とされている個人像は，組織に対して受け身であり本人が契約履行のために積極的に組織に働きかけるという視

点はない。組織に目を向けると，先に紹介したEORの概念と同様に，安定的な存在として描かれている。唯一Schein（1978）の定義では，組織は変化し状況によっては期待を裏切ることについても言及するなど，揺るぎない組織が前提とはされていなかった。また，Schein（1978）は，個人だけではなく組織側の時間的な側面にも注目し，組織は状況によって変化すると想定している。

1-3-4　組織アイデンティフィケーション

　組織に対する個人の知覚された一体感に焦点を当て，個人の視点から見た組織との関係性を概念化した研究が，組織アイデンティフィケーションである。これは，個人の目標と組織の目標の統合を捉えた概念であり（Schneider, Hall & Nygren, 1974），組織との一体感や，帰属していることに対する認知として定義されている（Ashforth & Mael, 1989）。組織へのアイデンティフィケーションは，近代組織論の誕生の頃から注目されていたが，概念の規定が曖昧であり，組織コミットメントとの類似性が高いことも課題となっていた（高尾, 2013b）。そのため，組織コミットメント研究に注目が集まったという経緯から，類似概念である組織アイデンティフィケーションの研究は，下火になっていた（西脇, 2001）。

　このような状況下，Ashforth & Mael（1989）は，個人から見た組織を，その個人の社会的なアイデンティティを構成する存在の1つとして捉える方向性を示した。具体的には，人間は自分自身とそれ以外を様々な社会的なカテゴリー，親密度，ジェンダー，世代などを用いて区別する傾向がある。それらを認知的に分類することによって「私は誰なのか」という問いに対して答えを得ている。そのような社会との関係性を表すものの1つとして，個人は，組織を通じて自分自身を理解していると考えた（Ashforth & Mael, 1989）。

このように，社会的アイデンティティ理論と自己カテゴリー化理論に依拠し，組織に帰属していることに対する成員の認知や一体性，自己概念との結びつきから捉える枠組みの提示により，再び組織アイデンティフィケーションの概念は，焦点を当てられるようになった（高尾，2013a）。その後，多くの実証研究が行われ，組織アイデンティフィケーションは，個人，グループ，組織のレベルにおいて重要な影響を持ち，結果変数として共同行動や組織市民行動にはポジティブな影響，離職意思や実際の離職に対してはネガティブな影響が確認されている（高尾，2013a）。

　概念の枠組みの提示により欧米では組織アイデンティフィケーション研究を多く見るようになったが，2000年代の日本では，まだ注目されていない状況にあった（高尾，2013a）。2010年代に入ると，組織アイデンティフィケーションの構造を明らかにし，その規定要因と及ぼす影響について検討することを目的とした調査研究などが実施され始めている。

　小玉（2017）は，組織アイデンティフィケーションが，自己認知と価値内在化によって構成されることを定性調査で確認し，日本の組織で働く成員の実態を反映した尺度開発を行っている。組織コミットメント概念との類似点についても検証を行い，2つの概念には高い相関が認められるが，職務満足と組織構成員のパフォーマンスに結びつく変数に対する効果が独立していることから弁別が可能であることを実証している。また，その結果をもとに，組織アイデンティフィケーションは，組織構成員の認知と価値の内在化を伴う組織との絆の強さであると再定義している（小玉，2011）。

　高尾（2013b）は，この両者の相関係数が極めて高い点を指摘し，別の視点から概念の弁別性を検証している。そこでは，組織コミットメントが組織と個人の社会交換的な側面を取り上げているのに対し，組織アイデンティフィケーションでは個人の自己概念に注目している点に着目して実証研究を行い，2つの概念の弁別性を支持する結果を得ている。また，日本

の社会環境の流動化に伴い組織に絶えざる変革が求められる中で，組織と個人の関係性に関する期待も変化し，個人にとって組織がアイデンティフィケーションの特別な対象ではなくなっていることを指摘している。そのような理解のもと，仕事関連のアイデンティティを問い直す必要性を認識し，個人側から見た組織アイデンティフィケーションに改めて注目する意義を問うている（高尾, 2013b）。

以上のように，組織アイデンティフィケーションの概念では，組織と自分自身をオーバーラップさせることで，組織との一体感を求める個人像に基づいて組織と個人の関係性が描かれている。そこでの個人は，自分のアイデンティティを証明するための標識として組織を捉え，同一化という形で組織との関係性を認知することで自分の存在意義を表現している。組織コミットメントと同様に，組織に対して自分はどのような影響を及ぼす存在なのか，どのようにかかわり合いを持ちたいのかという視点や，自ら積極的に組織に対して働きかける行動や，能動的に関係性を築いていく行動には注目していない。

1-4　個人と組織の関係性に見られる前提

ここまで個人の視点から見た組織との関係性を描いたEORの概念について，関係性が何に焦点を当てて説明されているのか，それぞれの概念がどのような個人観や組織観に立脚しているのか，に注目して整理をしてきた。これらの古典的概念を俯瞰して見た結果，大きく2つの特徴が見られた。

1つめは，同一化，没入，一体感や適合という形で個人が組織を身近に感じることが，組織にとってはもちろん個人にも良好な状態としている点である。組織は安定した強い存在であり，そのような組織を個人がどのように受け止めているのかという前提が読み取れる。個人が組織を自分自身

に近いものと認知すること，組織コミットメントや組織アイデンティフィケーションが強いことが，職務満足・離転職意向・役割外行動などと高い相関関係があることと結びつけ，これらの要素を高めることが両者にとって良い関係性であると捉えている。ただし，心理的契約は，そこまで入れ込んだ関係性ではない組織と付かず離れずの一歩引いた状況を描いている。

2つめは，現状の組織に対する個人の受動的な側面を捉えた概念という点である。個人の価値と組織の価値との一致，組織との一体感や帰属意識などに焦点を当てているが，それぞれの概念では，組織に所属している個人が，その組織をどのように感じ，認識しているのか，その状態について説明している。個人が組織との関係性を能動的に捉え，組織に何らかの形で働きかけ，自分に合致するように考え，アクションをとるという意味での意思や行動についてはあまり焦点を当てていない。この点においては，心理的契約も同様であり，現状に対して自分自身が期待感を持ち理解しようとしているが，自らが積極的に交渉し，自分が期待する形に会社との関係性を変えていくといった能動的な側面は含まれていない。

しかし，問題意識として序章でも指摘したように，個人と組織，この両者の置かれる環境は変化している。変わりつつある環境下において，EORにおいて研究が蓄積されてきた概念の根底にある，安定的で強い存在として設定された組織に合わせて同一化すること，一体化することが，個人と組織の双方にとって望ましいと考える関係性には何らかの変化が起きていないのだろうか。また，そういった意味において，概念自体に限界が生じている可能性はないのだろうか。

さらに実社会において，積極的に考え行動する個人像に注目が集まる中，組織に対して個人が関係性をどのように受け止めるかという受動的な側面だけではなく，個人の考えや行動を能動的な側面から捉えること，個人が組織との関係性をどのように構築したいと考えているのか，そして，その

考えが実際の行動にどのような影響を与えているのかを明らかにすることも必要ではないだろうか。

1-5　変化の兆候

個人と組織の関係性についての古典的なEOR研究のレビューでは，前提として，受動的な個人像，安定した組織像，そして両者の関係性は同一化や一体感などの表現から連想されるように個人が組織に近い存在であることが良いという特徴が見受けられた。

本節では，これらEORの古典的概念の前提とは異なる個人の姿を描いている概念に注目する。能動的に考え行動をする個人像とはどのようなものなのか，古典的概念では描かれていない姿を確認するためEOR概念の外に枠を広げる。具体的には，個人の行動そのものを描いたプロアクティブ行動の概念と，キャリア論の概念であるバウンダリーレス・キャリアを用いて説明を試みる。

1-5-1　能動的な個人像
（1）プロアクティブ行動

能動的な個人の行動に注目し，焦点を当てた概念の1つにプロアクティブ行動がある。これは，個人と組織の関係性を描いたEORの概念ではなく，組織社会化を促す作用について個人の行動そのものに注目して説明を試みた概念である。

社会学の分野では，組織が個人の行動をどのように型にはめて統制していくかについて説明されてきた（Ashford & Black, 1996）。しかし，個人は受動的な存在として，ただ組織による社会化戦術の作用を受けるのではなく，自らも職場の人間関係構築に励み，情報収集し，制度などに体現された組織からのメッセージを解釈することで，組織環境に適応するための

主体的役割を発揮している（小川, 2012）。組織へと一方的に染められる新人という仮定を見直し，個人の主体的行動を捉えたのが，プロアクティブ行動である（小川, 2012）。

　この概念を使った研究では，情報収集やフィードバックから学ぶことで意味の付与をすること，関係性を構築すること，仕事や役割の変更交渉，肯定的な枠組みの意味付けに分類し，成果や満足度との関係性を測定するAshford & Black（1996）などの調査が行われてきているが，どのような行動がプロアクティブ行動なのかは，異なった方法で多岐にわたった実証研究が行われている（Grant & Ashford, 2008）。

　本書における問題意識と照らし合わせて考えると，プロアクティブ行動の概念では，従業員が自分自身やその環境に影響を与えることを先読みして行動する姿に注目している。その点において，組織の中での個人の能動的な行動を，具体的に理解するための一助となる概念である。

　しかし，その行動の内容の主たる目的は，自分の所属する組織に対して適応することである。個人が組織に合わせる必要性を感じ，それが行動として現れる姿を描いている点から，この概念においても強い組織像が前提とされている。個人が能動的に考え行動する姿を捉えているが，その目的は組織に同調して積極的に順応することである。組織の中で個人は適応するだけでなく，場合によっては組織と異なる自分の考えを持ち意思を貫くことも能動的な考えや行動には含まれると思うが，この概念では注目していない。

（2）バウンダリーレス・キャリア

　個人や組織の変化は，キャリア論においても同様に注目すべき課題として捉えられている。伝統的な長期雇用慣行が安定的に整っている企業環境を前提したオーガニゼーショナル・キャリアの概念では，説明できない事

象が存在するという限界を抱え，そのような企業内キャリアが内包する限界を直視し，乗り越えるために提示された概念が，バウンダリーレス・キャリアである（宇田, 2007）。バウンダリーレス・キャリアは，1つの組織にとらわれない個人に注目し概念化された（Arthur & Rousseau, 1996）。

個人の行動をキャリアの観点から捉え実証研究が行われているこの概念は，能動的な個人像を描いており，組織の枠を超え個人が行動する姿は，今回の問題意識をより明確に説明するために参考になると考えた。また，個人と組織の関係性が変化した現状を受け，既存概念が抱える限界に向き合い概念化された経緯にも，本書における問題意識との共通点がある。

バウンダリーレス・キャリアの概念では，特定の組織と安定した関係性を築くという前提で描き出されたオーガニゼーショナル・キャリアに対し，複数の組織でキャリアを形成する個人が存在することに焦点を当てている（Arthur & Rousseau, 1996）。組織内キャリアが安定した雇用の古い幻想と結びつき，既に衰退し始めているという認識のもと，新しい環境での，ダイナミックなキャリアの1つとして，Arthur & Rousseau（1996）によって提示された働き方に関わる概念である。

社会環境の変化に伴い企業の置かれる立場も変化した現状において，キャリアを自ら主導して形成していく必要性を感じた個人が，長期的なキャリア・ビジョンを築くための手段として選択した方法を理論化したものである。この概念では，能動的に考え行動し，組織に依存するのではなく，対等な立場として捉えることでキャリアを築く個人の姿を描いている。

日本における正社員を対象とした実証研究では，武石・林（2013）が，自律的キャリアに注目し，プロティアン・キャリア[5]とバウンダリーレ

---

5) プロティアン・キャリアは，Hall（1996, 2002）によって提唱された。企業組織と個人の心理的契約が変化して，組織ではなく個人が主体的にキャリア形成に取り組み，他者から評価されることよりも，個人の仕事における満足度や成長などの心理的成功など自己志向型キャリアを指す概念である（武石・林, 2013）。

ス・キャリアを測定する尺度を使用して調査を行っている。ここで実施されたクラスター分析では，自律的なキャリア意識を持っているが，現在の組織外への移動に対しては慎重な態度を示し，組織との関係を維持しようとする従業員のタイプを見出している（武石・林,2013）。1つの組織にとらわれない個人に注目し概念化されたバウンダリーレス・キャリアとは異なる姿ではあるが，序章で指摘をした日本の正社員の現状を反映した結果だともいえる。

　さらに，武石・林（2013）は，キャリア形成において，個人が主体的に関与していくキャリア自律の重要性が指摘されているが，その具体的な内容や，キャリア自律を進めることにより組織との関係性はどのように変質していくのかについての研究の不十分さを指摘している。この点は，先に示した問題意識と通じる視点である。

　正社員が対象ではないが，バウンダリーレス・キャリアの概念を用いた人材の流動化の進展に注目した研究として，二神（2004）は，日本における派遣人材を対象としたプロフェッショナルワーカーの調査を実施している。その結果から，今後，個人がバウンダリーレス・キャリアを形成していくうえで，専門性・仕事への自発性・キャリアビジョンを明確に持つことの3点が特に大切であると指摘している（二神,2004）。個人が自ら将来のキャリアを考える必要性については，Arthur & Rousseau（1996）の主張と同じである。また二神（2004）は，序章で挙げたGratton（2011）やPink（2002）が注目していた，個人が自らネットワーク構築や継続的な学習を行っていく必要性についても言及している。

　組織の変化に伴い概念化が進められたバウンダリーレス・キャリアであるが，この概念で前提として描かれている個人像は，非常に特徴的であり，強さを持ち合わせている。キャリア形成のために，個人が組織と交渉を行うには，仕事のスキルや専門性，精神的なタフさや周囲との関係性構築な

ど，必要となる要素は多い。特に日本では，組織と対等に渡り合うこと自体，一般的になっているといい切ることは難しい。また，自ら組織と交渉する能力が求められるため，個人と組織の力関係が均衡していなければ，個人にとって有利な条件を引き出すことや良好な関係性を築くことは困難であり，本意でない条件で組織とかかわる可能性もある。こういった懸念は，武石・林（2013）の実証研究の結果にある，組織外への移動に対しての慎重な態度からも読み取れるのではないだろうか。

1-5-2 概念と現実のギャップ

　前項では，能動的に考え行動をする個人像について，古典的概念では描かれていない姿を確認するためEOR概念の外に枠を広げてレビューをしてきた。

　個人の積極的な組織への適応行動であるプロアクティブ行動は，自ら考え行動する個人の姿を捉えた概念であった。しかし，その行動の目的は，組織に同調して積極的に順応することであり，EOR概念と同じく組織に同一化する行動を能動的に進めていく個人の姿が描かれていた。

　バウンダリーレス・キャリアは，能動的に考え行動するという点において，先にレビューを行ったEORの古典的概念とは異なる個人の姿を表現した概念であった。しかし，日本での実証研究ではバウンダリーレス・キャリアの概念で描かれている個人の姿を見出すことができていないという現実があった。

　能動的に考え行動する個人の姿を描いた２つの概念ではあるが，序章で示した問題意識を踏まえ議論を進めるには，不十分であることが明らかになった。

1-5-3　従業員意識の変化

　ここまでEORの古典的概念の特徴である受動的な個人像の対比として，能動的な個人像を描いた概念をレビューしてきた。では，もう1つの特徴であった一体感や同一化についてはどうだろうか。概念ではないが，その変化の兆候が見受けられるデータが，2017年の労働政策研究報告書[6]で得られている。企業・法人に勤務する管理職・正社員を対象とした調査項目の中で，会社との関係を問う選択式の設問，「賃金を得るために雇われているだけの関係である」では，「かなり当てはまる」，「ある程度当てはまる」と答えた従業員が31.6％存在していた。「他によい会社があれば今の会社を辞めたい」は23.6％と，意識のうえでは，割り切った，長期雇用を前提としていない従業員の存在が読み取れる。また，「会社に忠誠をつくしていれば雇用は保障される」という設問では，「あまり当てはまらない」，「まったく当てはまらない」が49.2％，さらに，「努力していれば会社はやがて報いてくれる」という問いに対して「あまり当てはまらない」，「まったく当てはまらない」が40.6％と高い値となっている。この結果は，忠誠を尽くしていれば組織が期待に応えてくれるという心理的契約の前提や，同一化や一体感を得られ組織と近くあることが安心や安定には結びつくという古典的概念とは異なる考えを持つ個人の存在を示唆している。

　さらに，2017年度に内閣府が行った「子供・若者の意識に関する調査」の就労に関する意識のアンケートでは，①転職に対する否定的な意識が低いこと，②仕事よりプライベート優先志向，③就労に対して不安を抱いている，という特徴が報告され（内閣府，2018），長期雇用を前提としていない意識は，若者の間にも広がりつつあることが示されている。

---

6)　2017年に公表された労働政策研究報告書No.196第Ⅲ部「企業内の育成・能力開発，キャリア管理に関するアンケート調査」（企業調査・職場管理職調査・従業員調査）では，従業員300人以上の企業・法人と，これら企業・法人に勤務する管理職・正社員に対するアンケート調査を実施し（平成28年/2016年1～3月），その結果を分析している。

このように現代社会では，正社員のみならず，若い世代の間においても会社に合わせ身を任せていれば定年まで安泰という意識が薄れ，組織に一体感を抱く関係性とは異なる考え方を持つ個人が現れ始めていることが確認できた。

次項では，再度EORの既存概念に注目し，変化の兆候が現れている働く個人の現状と照らし合わせながらレビューを行っていく。

1-6　EORの新展開

受動的な個人像に加えEORの古典的概念のレビューから見えた特徴には，同一化，一体感や適合という形で，個人が組織を身近に感じることが，組織と個人の両者にとって良好な状態という前提を見ることができた。

では，組織と離れるとはどのような現象として捉えることができるのか。ここで改めてEORではどのような点に注目し描写されているのか，組織と乖離する個人の姿を描いた概念のレビューを行う。さらに，受動的に組織に合わせ同一化や一体感を得ることとは異なる組織との交渉を捉えた概念についてもレビューを進める。

1-6-1　ディスアイデンティフィケーション

組織と近い関係性と異なる視点は，既存概念を拡張する形で発展したEORの研究から読み取ることができる。組織アイデンティフィケーションの拡張モデルであるディスアイデンティフィケーションは，アイデンティティの複雑性を捉えた概念の1つである。

この概念では，個人が認知する組織との乖離や分離に注目し，議論が展開している（Elsbach, 1999；Pratt, 2000；Ashforth, 2001）。これは，自己を知覚する①個人のアイデンティティと組織のアイデンティティの認知的分離，であり組織を競争相手や敵のように捉えるといった②個人と組織の

ネガティブな関係，のカテゴリー化である。その認識は，個人が考える特性や信条が，組織の持っているものとは異なる時に明確になり（Elsbach & Bhattacharya, 2001），従業員をはじめとするメンバーと組織の間に深い対立の結果をもたらすなど望ましくない傾向がある（Kreiner & Ashforth, 2004）。また，組織から見ると，同一化を避けることで社会的なカテゴリーを構築する姿や，対立した行動を支持することや公に批評するなどネガティブな影響をもたらす（Elsbach & Bhattacharya, 2001）。

　ここで描かれる個人は，組織に反抗し行動を引き起こすことで，自己の居場所や立場を創造している。単なる特徴の不一致やミスマッチではなく，組織からの積極的な分離であり（Elsbach, 1999），この個人の能動的な意識，組織に対して積極的なかかわりを反発する形で持つという点が，組織アイデンティフィケーションと異なる特徴である。それは，単に対極の意味を持つ概念ということではなく，それぞれ社会的な存在証明であるアイデンティティを維持する目的ではあるが，そこから見られる現象や目的への道筋はかなり異なっている（Kreiner & Ashforth, 2004）。この概念は，個人の能動性が組織に反発する方向に働き，組織との乖離によって自分の存在意義を確認する姿を表現している。

　このように，組織アイデンティフィケーションの拡張モデルでは，個人が所属する組織と矛盾する，または異なる意識を持った場合，自分自身をどのように認識しているのかという点に視点を向けている（Kreiner & Ashforth, 2004）。認識が完全一致するという単純化した捉え方ではなく，個人から見た組織との関係性の複雑な意識の側面に注目をしている点において，初期のEOR概念とは異なった視点を持っている。しかし，既存概念で描かれていた同一化や一体感を持ち，組織を近い存在と捉えることが個人と組織の両者に良い影響をもたらすという考え方と根底にある部分は同じで，近いこととは逆に，組織と離れることは，基本的に個人と組織の

両者にとって望ましくない傾向があり，ネガティブなこととして描かれている点が大きな特徴であり，注目すべき論点である。

1-6-2　アイディールズ（I-deals）

　先に紹介したプロアクティブ行動やキャリア論におけるバウンダリーレス・キャリアは，受動的な個人とは異なる，能動的な姿を描き出した概念の例であった。2000年代に入り，個人と組織の関係性を捉えたミクロ組織論であるEORの概念にも，古典的概念の特徴とは異なる能動的な個人に注目した概念が誕生している。ここでは，積極的に考え行動する個人の姿に注目した概念であるアイディールズ（I-deals）についてレビューを行う。

　心理的契約の概念を再定義したRousseau（1989）は，2000年代に入り社会環境の変化により，フリーエージェント（Pink, 2002）として組織から独立した形で個別交渉をして働く個人だけではなく，企業に所属する個人も組織と労働条件を交渉することが必要になってきているという考えのもと，I-dealsという新しい概念を提唱した（Rousseau, 2005）。I-dealsとは，Idiosyncratic dealsを略した造語であると同時に，理想を意味する単語であるIdealにも掛けた2つの要素を持っている。Rousseau（2005）は，この概念について，従業員が自ら雇用者と交渉し合意を得た特別な条件，と定義付けをした。I-dealsでは，組織に所属する従業員が日々の仕事に関して組織と交渉する姿に注目し，個人が自ら組織に働きかけ，積極的に働く環境を整える行動を概念化している。

　この概念では，①従業員が主体的に個別交渉をすること，②雇用者と従業員相互のニーズのもと取り交わされた個々の合意であること，③雇用者と従業員の相互に利益がもたらされること，④雇用関係における個別の特徴があるため目的が様々であること，が必要とされている。さらにともに働く同僚や関係者の理解や了承が必要であり，行使するには重要なことで

あると捉えられている。I-dealsは，気に入られ優遇されること（Favoritism, Politics）や，非公認で暗黙の了解のもと行う行為（Shady deals）などとは異なり，組織で働く従業員と雇用者の間の新しい関係性に注目し構築された定義でもある（Rousseau, 2005）。

　Rousseau（2005）は，I-dealsを提案者とタイミングの2軸により6つに分類している。まずは入社前，採用時の交渉として次の2つが示されている。1つめは，①Recruiting I-dealsである。求職者が仕事を探す際，雇用者側に条件提示を行い，それを踏まえた雇用契約を結ぶことなどが挙げられる。2つめの②Opportunistic Recruiting I-dealsは，この逆となり，雇用者側が従業員に条件提示を行うことを指している。次に，雇用後のパフォーマンスに関するI-dealsとして，③Proactive I-dealsと④Reactive I-dealsがある。前者は従業員自らが望み申し出た職務変更，後者は企業側の要求で起こる変化に対して従業員が特別な措置を申し出ること，などが含まれる。最後は，継続雇用に関する分類である。⑤Threat-Based I-dealsは，従業員が，他企業からの引き抜きを断る条件として現在の雇用条件見直しを申し出るケースなどであり，⑥Retention-Based I-dealsは，長く働いてもらうリテンションの手立てとして，キャリアステージの変化に伴う必要な措置を企業側が提示し対応することが例として考えられている。

　これらの主体は，全て従業員，個人の側にある。しかし，この概念はまだ実証研究が少ないため，定義されたI-dealsが，実際の組織の中でどれほど確認できる現象なのか定かではない。また，組織や雇用主との交渉が必須であるため，従業員側の交渉能力や明確な職務範囲の設定が必要である。特に，日本のように，職務ではなく職能での評価が中心の場合や，詳細な職務範囲を設けていない組織，同質性や横並び重視の企業文化では，個別交渉での対応を実行すること自体，困難なケースもあると思われる。実証

研究を進めるにあたり，様々な要素，特に本人だけではなくともに働く同僚との関係性，妥当性や正当な評価などを考慮したうえで調査を進める必要もあるなどの課題が考えられる。

　I-dealsは，個人が組織との関係性をどのように認知しているかという視点だけではなく，組織とかかわりを持つうえで必要な条件や契約といった取引関係に焦点を置いている。組織を交渉相手としていることも，レビューを行ってきた古典的EORの概念とは異なる視点である。また，組織に対し受動的な存在として設定されていた個人像とは異なり，組織内で能動的に考え，具体的に行動する姿が描き出されている。この能動的な側面は，EORの既存概念ではあまり見られない特徴であり，個人から組織への自発的な働きかけによる交渉が，自ら働きやすい環境を築いていくには必要であることを示唆している。組織を交渉相手として捉えるなど，個人と組織の一歩引いたドライな関係性に注目したものといえる。

　前提とされている組織は，従業員に個別対応し，リテンションも含め交渉する必要性に目を向けている点から考えると，安定的ではなく変化をする対象と思われるが，明確な組織像の説明はほとんどなされていない。

1-7　個人と組織の関係性の複雑化と課題

　ここまで，個人の視点から見た組織との関係性を捉えたEORの概念についてレビューを行ってきた。先に示した通り今回のレビューは，以下の4点について整理することを目的とした。

　既存概念を整理すると，1点目の目的である，何に焦点を当てているのかについて，個人と組織の関係性を描いた古典的なEORの先行研究である，組織コミットメント，P-O Fit，組織アイデンティフィケーションや心理的契約の概念には，共通点が見られた。それは，暗黙知として存在している，個人の受動的な側面や態度に焦点を当てているという点である。

逆に，個人の能動的な側面としての認知，意思や行動にはほとんど注目していない。

　前提とされている個人と組織の関係性は，ある程度，安定し一定したものであり変化については触れられていない，または，ある特定の時点に注目して焦点を当てているという特徴があった。さらに，その関係性には，同一化や一体感という個人が組織を近く感じることは両者にとって良好な状態，乖離や離れることは両者にとって望ましくない傾向があるという前提が存在していた。

　2点目の目的である個人観・組織観には，次のような特徴が見られた。個人観は，受け身の姿勢，受動的な個人をベースにした概念が多く見受けられた。特に，古典的概念では，個人が所属する組織に対して，どのように感じ，認知し，合わせていくかという点に注目し，積極的な意思や行動は描いていないという共通の特徴があった。組織観については，安定的で変化をしない組織像が垣間見られたが，心理的契約のSchein（1978）の概念では，変化する組織についても言及していた。

　2000年代になると，I-dealsなど，異なる視点を持つ概念が登場し，そこでは，能動的に考え行動する個人像，組織と条件交渉し，自律的にキャリア形成をする個人の姿が描かれていた。また，組織と近いことが必ずしも必要という視点ではない，対等に交渉し，組織を依存対象としていない，距離をとった立ち位置も読み取れる。I-deals概念では前提条件としての組織についてあまり言及されていないが，従業員に対してリテンション・プランを提案することなどに鑑みると，環境変化によって組織も変わると想定されている。

　組織と乖離することに注目したディスアイデンティフィケーションでは，個人が能動的に考え行動する姿を捉えているが，組織と離れることはネガティブなもので，個人と組織の関係性において否定的な意味を持つという

前提に立っていた。この視点は，組織と近いことが良く，遠いことは良くない，という点において，先の古典的EOR研究と共通であった。このような個人観と，組織観をもとに関係性を捉え，それぞれの概念の根底にある暗黙知を整理すると図１.１のような分類ができる。

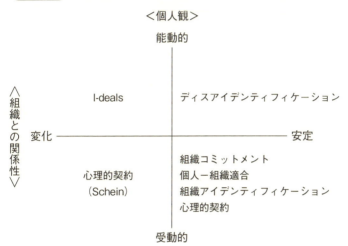

図1.1　EOR概念で描かれる個人観と個人と組織の関係性

以上のような整理から，本章における３点目の目的である，個人と組織の関係性を捉えた既存のコンセプトがいかなる意味で限界を抱えているのかを考えてみると，今回レビューの対象とした概念には次の３つの課題が見えてくる。

１つめは，序章の問題意識で示した個人側，組織側双方の変化について，安定的な関係性が前提となっている既存概念では，十分に説明しきれないという点である。

個人と組織の関係性の変化は，EOR概念を用いた先行研究の中でもデータや課題が示され，兆候を読み取ることができた。具体的な例として，心理的契約の研究では組織とのかかわり合いを長期的で従属的なものとは考

えていないが，一方で，その組織に所属している限りは，援助を期待しながら自身も組織のために献身しようとする姿が見出されていた（服部, 2008）。組織アイデンティフィケーション概念のレビューの中で高尾(2013a)は，日本の環境の流動化に伴い組織に絶えざる変革が求められる中で，組織と個人の関係性に関する期待も変化している点について指摘をしていた。

また，キャリア研究では，長期的な雇用慣行の見直しが進む中で，個人と組織の関係性の変化を捉える必要性からバウンダリーレス・キャリアの概念が生まれていた。本書の対象である組織行動論の分野においても，今一度，個人，組織，双方が変わりつつあるという現状を踏まえたうえでの概念生成が必要なのではないだろうか。

2つめは，個人が組織と同一化し，近い存在となる以外に組織との良好な関係性を構築することはできないのかという点である。乖離を描いたディスアイデンティフィケーションのように，個人が組織と離れた関係性を構築すること，距離を置くことは，両者にとって悪影響を及ぼすだけなのかという視点である。既存の概念では，同一化か乖離かという両極の視点のみで，それ以外の関係性については，ほとんど説明がなされていない。

先にも示した通り，労働環境の変化を反映し，組織と一体化していない個人の存在が明らかになった調査データの傾向からも，この点について丁寧に説明することは必要であり，注目すべき課題である。一体感を持つことができない，帰属することに安心感を得られない個人は，組織の中でどのような存在として捉えることができ，その両者の関係はどのようなものなのか。既存概念の尺度を使用して，組織コミットメントや組織アイデンティフィケーションが弱い，と結論付けて説明するだけでは，不十分だと考える。

3つめは，個人の認知と行動の関連付けである。個人の能動的な行動の捉え方，どのような目的で行動しているのかという点で丁寧な説明がされ

ていない。個人の能動的な行動に注目したI-dealsでは，自分自身が働きやすい環境を整えることが目的であった。この概念では個人の積極的な行動に注目しているが，組織の捉え方や関係性構築については，ほとんど注目していない。

　日常の多くの時間を過ごす組織との関係性という視点で考えた場合，個人が組織をどのように捉え，認知し，それがどのような行動に結びついているのか，要因も含め詳細に紐解くことは重要な意味を持つと考える。改めて組織の中で個人がとる能動的な行動とはどのようなものなのか，今一度，考える必要性があるのではないだろうか。

　このように既存研究における課題を捉えたうえで，レビューの4つめの目的である方向性を考えてみると，変化する組織との関係性の中で能動的に考え行動する個人，図1.1の左上の部分に注目する必要がある。また，組織に依存するのではなく，一体感や同一視とは異なる距離を保ちながら，能動的に考え行動する個人を説明するための概念生成も必要ではないだろうか。

2　心理的距離のバリエーション

　先行研究レビューとして第1節では，組織行動論における個人と組織の関係性を捉えたEORの既存概念から，その特徴と課題について検討してきた。次に，心理的距離について既存研究のレビューを行う。

　個人は，日々の業務やかかわりの中で，自分自身が所属する組織を身近に感じることや，逆に気持ちが離れることを経験している。組織と一体感を持つことができない，帰属することに安心感を得られない個人は，組織の中でどのような存在として捉えることができ，その両者の関係はどのようなものなのか。このような形で組織を，近くまたは遠くに感じる現象を

含む個人の心理的な変化を，心理的距離に注目して探究することが，本書における大きな目的である。そのため，ここでは，この心理的距離という言葉を使用するにあたり経営学の枠を超えた形で既存研究のレビューを行い，言葉の定義の整理をしたうえで，本書に応用する際の課題を明らかにする。

2-1　対人関係における心理的距離

　心理的距離は，対人関係を説明する言葉として心理学や社会心理学の分野を中心に使用されてきた。対人関係における心理的距離について，山根（1987）は，心理的距離の近さは親密感であると定義をしている。そのうえで，心理的距離とは，2つの視点から考える必要性があると指摘をしている。

　1つめの視点として，「相手に対する心理的距離」と，逆に「相手が自分をどのように感じているのかという心理的距離」の2分類がある。前者は，自己の実感として直接把握されるものであり，後者は，相手の言語的・非言語的表出（行動）から間接的に推定される体験という違いがある（山根, 1987）。個人は，このように自分自身の心的状態について確実性を持って理解することに加え，相手がどのような心的状態にあるかを推測し，振舞いや表情から理論的な推論を行うことによって把握しようと解釈を介して他者理解を行っている（信原, 2014）。

　2つめとして，自身が実感している心理的距離は，必ずしも行動として素直に表現されるものではなく，「本心」と「表面に出る行動」の2つに分類することができる。例えば，社交辞令など，本人が実感しているものと，記号化された実際の行動とが同一でないことは，人間社会では常識となっている（山根, 1987）。しかも，この2つの視点からなる4つの分類が全てにおいて一致している現実は，ごく稀にしか起こり得ない。個人には認知された世界と，態度や行動を互いに整合化しようとする要求

(Festinger, 1957) によって，自身が体験した心理的距離の不一致を縮小しようとする意識が働いている（山根,1987)。日本語における「空気を読む」，「行間を読む」，などの表現からイメージされる行動も，相手との関係性を探り，読み取ろうとする個人の心理的距離を表したものであると考えられる。

　このように対人関係における心理的距離は，人々の日常的な生活の中にも見ることができる現象である。2つの視点からなる4分類によって，複雑な組み合わせが生じている対人関係における心理的距離は，**表1.1**の通りに整理することができる。対人関係における心理的距離は，本人が相手をどのように認知しているのか，さらにその認知がどのような形で行動に現れるのか，また逆に，受け手として相手がどのように自分自身を認知しているのか，どのように行動に現れるのか，本人が見て認識するといった形での分類ができる現象特性を持っている。

　この4つの種類で分類することができる対人関係における心理的距離について，藤井（2004）は，次のように説明をしている。まず自他の距離には，パーソナル・スペースと呼ばれる物理的レベルでの対人距離と，相手との親密度などに応じて決定される心理的な距離の2種類がある。そして，2種類の対人関係における心理的距離は，実証研究において，①測定内容が一貫していないこと，②定義の不明確さや測定方法が多様であること，

表1.1　対人関係における心理的距離

	距離の種類	内容
1	能動表象（Active representation）	本心としての表象的距離
2	能動表出（Active presentation）	自己の行動によって示される表出的距離
3	受動表象（Passive representation）	推定された相手側の表象的距離
4	受動表出（Passive presentation）	認知された相手側の表出的距離

出所：山根（1987）の分類に基づき筆者が作成

③他領域での知見が生かされていないこと，に課題があると指摘をしている。これは「心理的距離」と「心理的距離のとり方」が明確に分類されていないことが原因で，両者が交じり合っているために起きている問題である（藤井, 2004）。

この問題点を整理すると，表1.2の通りになる。藤井（2004）によると，対人関係における心理的距離は，近いか遠いか，親密か疎遠かという現時点での，自分と相手との距離を固定的・画一的にどう認知しているかである。心理的距離は，一時点での「近いか遠いか」という認知であり，静的・一時的側面で捉えるものであると説明している。一方，「心理的距離のとり方」は，近づくか離れるかという欲求や意思，方向性を持ち，力動的・継時的側面を捉えている。この違いがあるにもかかわらず，実証研究では分類することなく混在しているため，先に挙げた①から③の問題が生じていると指摘している（藤井, 2004）。

このような形で分類することができる対人関係における心理的距離は，認知的な側面と行動的な側面で分類できるという特徴を持っている。実証研究を行うにあたっては，それぞれの現象特性を見極めたうえで，混在させることなく分類することが必要であるという課題も明らかになった。

2-2　マーケティング分野での応用

2000年代に入り，心理的距離の概念は，マーケティングの分野でも注目

表1.2　「心理的距離」と「心理的距離のとり方」の違い

心理的距離	心理的距離のとり方
固定的・一面的	力動的・継続的
近いか遠いか	近づくか離れるか
認知	欲求や意思，方向性を持つ

出所：藤井（2004）の分類に基づき筆者が作成

され,新たな概念生成に活用されている。人は,今この時点の経験しかできないため,未来などの遠い事象は想像するしかない。そのため,既知の抽象的な概念を用いて,その事象の意味を理解しようとする。そのため,心理的距離が遠い場合には,より抽象的な高次レベルの解釈が,近い場合はより具体的な低次レベルの解釈が行われる(Liberman & Trope, 2010)。この概念は,解釈レベル理論(CLT)と定義され,消費者行動論の研究分野で応用されるようになり,多くの研究が蓄積されてきている(Trope, Liberman & Wakslak, 2007;井上・阿久津, 2015)。Liberman & Trope (2010)は,CLTの理論の中で,心理的距離を整理し表1.3のように,時間的距離,空間的距離,社会的距離,仮説性の4つの次元に分類している。

日常の出来事について,我々は,①過去や未来といった時間,②近い遠いといったどこかの空間や場所,③他者とのかかわりである社会的な関係性,④現実的に起こり得る可能性としての確率など,自分自身とその対象について心理的な距離を用いて解釈をしている(Liberman & Trope, 2014)。そのため消費者行動においては,この解釈のレベルが,その後の評価や態度,行動に影響する(井上・阿久津, 2015)。

例えば,お歳暮の選択は,贈る相手の立場になって考えるため,社会的距離が相対的に遠く,贈り物の解釈が抽象的になるため,実用性ではなく

表1.3　解釈レベル理論(CLT)における心理的距離の分類

距離	運用
時間的距離	今または未来や過去
空間的距離	近いまたは遠い場所
社会的距離	自己または他者
仮説性	高いまたは低い確率。現実または仮想

出所:Liberman & Trope (2014) のTable1.に基づき筆者が作成

高い贈り物を選好する傾向がある（井上・阿久津, 2015）。これは，社会的距離が影響しているためと解釈できる現象である。また，別の例として，一般論として考えた場合には先進医療に肯定的だった人であっても，実際に身内が受けるとなるとリスクや副作用から否定的になるといった事象がある（阿部, 2015）。これは，仮説性による心理的距離の対象が，仮想から現実へと変化をして解釈を行っているために起こる現象である。ある事象に対する心理的距離が変化することによって，人々の意思決定や行動に影響を与えているということが分かる。

このような形で，具体的な例が示され，消費者の行動を理解できる概念として心理的距離を用いた研究が進んでいる。対人関係を説明するために研究が進められてきた心理的距離の対象は，マーケティングの分野において人と人の関係を理解するだけでなく，物やサービスなどの対象物との関係性を説明するためにも活用され，広がりを見せている。

2-3　組織行動論での応用

対人関係以外の領域においても応用され始めている心理的距離の概念は，本書の対象である組織行動論では，どのような状況にあるのだろうか。ここでは，組織行動論の分野で心理的距離や距離という言葉を用いた概念について整理をする。

田尾（1997）は，組織コミットメント概念が，研究者や現場の実践家からも注目されてきた理由として，「組織と人間のいわば心理的な距離を測るために非常に使い勝手のよい概念であること」と説明をしている。また，「組織コミットメントの3要素が相俟って心理的な距離感をつくり，心から組織にコミットでき自らを同一視させられるようになることが，正真正銘の組織人になることである」という形で，心理的な距離という言葉を使い説明をしている（田尾, 1999）。

鈴木（2007）も，組織コミットメントについて，「会社と自分の間にどのような関係を作っていくのか，会社との距離感をどのように保っていくのか」，「アイデンティティをしっかり持つ人ほど，（中略）組織との適切な距離を保つことができるだろう」と距離感や距離という言葉を用いて説明している。このような表現から，組織コミットメントは，個人と組織の距離感を描いている概念の１つであるとも考えられる。

組織コミットメント以外の例として，組織へのディスアイデンティフィケーションの概念について高尾（2013a）は，「組織との距離を取ることを通じて，自らのアイデンティティを構築しようとするもの」と，距離という表現を使って説明をしている。

このように組織行動論の分野では，組織コミットメントやディスアイデンティフィケーションなどEOR概念の説明に，心理的距離や距離感という言葉を使用している研究をしばしば目にすることがある。しかし，実際に心理的距離や距離感そのものについては目を向けておらず，距離という言葉の意味や定義を示す形で焦点を当ててはいない。このことから見ても，言葉としては使用しているが，心理的距離の概念そのものには，ほとんど注目をしていないという現状が読み取れる。

一方で，海外の研究に目を向けると，組織行動論の研究に心理的距離の概念を応用して，組織とそこに所属する従業員との関係性を測定するための尺度を開発する試みが始まっている（Chen & Li, 2018）。この研究では，従業員と雇用主との関係性は複雑化しているが，両者の健全な関係は，組織の健全な発展にとって戦略的に重要であると位置付けている。そのうえで，個人的な要因の心理的関係である内的推進力と，仕事の特徴などの現実的な関連性である外的推進力の概念，ならびに心理的関係と現実的な関係の統合に基づいて，従業員と組織との関係を直接認識することができる変数を，心理的距離の尺度を用いて提起している（Chen & Li, 2018）。こ

こでは，心理的距離を「対人コミュニケーションの過程における人々の感情的な結びつき」と心理学用語（Wu & Bai, 2015）を用いて定義をしたうえで，従業員と組織との間に知覚される調和や相互作用のレベルを理解するための従業員－組織心理的距離（EOPD）尺度を新たに作成している。このEOPDについて分析結果をもとに整理をすると，**表１．４**の通り，6種類に分類できる（Chen & Li, 2018）。

このEOPD尺度を用いることで，管理職が職場での従業員の心理状態や組織に対する精神的な近さが測定可能になり，従業員と組織との関係について包括的に把握し，労力をかけることなく従業員の管理効率を向上させることができる（Chen & Li, 2018）。この解説からも明らかな通り，Chen & Li（2018）によって作成された心理的距離のEOPD尺度は，個人の立場ではなく，組織側の立場から効率性を考え，従業員を管理するために使用するという目的が設定されている。これは前節でも指摘をしたEOR研究に見られる傾向と同様に，個人が組織との関係性をどのように捉えているかを測定しているが，視点そのものは組織側に立った研究である。

また，このEOPD尺度の詳細については具体的な説明がないことに加え，6つに分類された心理的距離の影響についても研究の途上であるため，今後の展開に注目する必要がある。

表１．４　Employee-Organization Psychological Distance

	EOPD
1	客観的社会的距離
2	認知的距離
3	感情的距離
4	行動的距離
5	経験的距離
6	時間的距離

出所：Chen & Li（2018）の分析結果に基づき筆者が作成

3 研究課題

 本章では,第1節として,日本における働き方の潮流を捉えたうえで,正社員から見た組織との関係性を踏まえ,EORの既存概念についてレビューを行ってきた。第2節では,心理的距離の考え方や既存概念における言葉の定義について整理をすることを目的に,社会心理学,マーケティング論,組織行動論の分野に範囲を広げレビューを行ってきた。その結果,心理的距離という表現自体は,幅広い分野において使用されていることが明らかになった。

 以上の結果を踏まえて,本章でレビューを行った組織行動のEOR先行研究の課題と,心理的距離の課題について,以下に改めて整理するとともに,本書における心理的距離の概念を応用する意義と研究課題を提示する。

3-1 EOR研究の課題

 EORの先行研究レビューでは,個人と組織の関係性を描いた既存概念を概観し,その前提や関係性の捉え方を確認してきた。

 序章で述べた通り,日本国内では,社会や雇用環境の変化により,個人と企業の双方に影響が出始め,個人は組織との関係性をどのように構築していけばいいのか模索をしている段階にあった。それは,正社員でも同様であり,自律的な視点を持ち,会社に依存するのではなく能動的に考え行動する必要性が出てきていた。この変化の兆候について,従業員自身も認識を持ち始めているという現状を調査データからは,読み取ることができた。

 このような状況を踏まえたうえで実施した先行研究レビューの結果からは,過渡期にある個人と組織の関係性について,古典的なEOR概念では

説明することができないだけではなく，そもそも想定できていない可能性が示唆された。

　具体的には，EORの古典的概念は，個人の受動的な側面や態度に焦点を当てているという共通点が見られた。逆に，個人の能動的な側面としての認知，意思や行動には，ほとんど注目しておらず，前提とされている個人と組織の関係性は，ある程度，安定し一定したものであり変化については触れられていない，または，ある特定の時点に注目して焦点を当てているという特徴があった。

　もう1つの特徴として，その関係性には，同一化や一体感という個人が組織を近く感じることは，両者にとって良好な状態，乖離や離れることは，両者にとって望ましくない傾向があるという暗黙知が存在していた。個人が所属する組織に対して，どのように認知し意識を合わせていくかという点に注目し，積極的な意思や行動は描いていないという共通の特徴がある古典的概念に対し，ディスアイデンティフィケーションでは，個人が能動的に考え行動する姿を捉えていた。しかし，組織と乖離することや離れることはネガティブなもので，個人と組織の関係性において否定的な意味を持つという視点は，古典的EOR概念と共通であった。

　その結果，序章で確認をした過渡期にある個人と組織の関係性，特にその中でも，組織に同一化や一体感を抱くことができない従業員や，同一化できない個人と組織の関係性について既存概念を用いて検討するだけでは不十分である可能性が明らかになった。

　また，組織との関係性が常に変化する状況下であっても，日本において，バウンダリーレス・キャリアやI-dealsのように，自らが組織と交渉し対等に渡り合うという個人の考えや行動自体，まだ一般的なものではない。この点については，実証研究の結果からも明らかにされていた。企業でも長期雇用を前提とした個人との安定的な関係性構築，特に正社員の雇用を重

視するという規範は,消滅してはいないと考えられる。

　このような複雑な環境下で働く個人の姿を把握したうえで,丁寧に説明すること,特に変化する組織との関係性の中で,能動的に考え行動する個人に焦点を当てることは必要である。実際に企業で働く従業員の現状を理解し,同一化できない,心理的な距離を置く形で組織との関係性を捉える個人とは,組織にとってどのような影響をもたらす存在なのか。心理的な距離は,自身の所属する組織の中で,どのような形で構築されていくのか。それは,個人のどのような意思に基づき行動として現れているのか。また,それらが個人と組織にどのような形で影響し関係性が変化しているのか。

　これらを明らかにすることが必要であり,ほとんど注目をされていないという現状から見ても,既存のEOR研究における課題の1つである。変化の過渡期にある個人の考え方や行動は,どのような形で現れ始め,現象特性として捉えることができるのだろうか。この点に注目し,本書における課題として捉えたうえで,後の章で実証研究を用いて探究をしていく。

3-2　心理的距離の研究課題

　心理的距離は,心理学や社会心理学の分野において,対人関係を説明することを目的に実証研究が行われてきた概念である。レビューの結果,対人関係における心理的距離は,1種類ではなく,自分自身と対象となる相手が抱く距離という複雑な組み合わせが存在していた。そのため,定義が曖昧で多様な測定方法で実証研究が行われ,測定内容に一貫性がなく,心理的距離と心理的な距離のとり方が混在し,両者が交じり合っているという課題が指摘されていた。

　さらに,心理的距離の対象は,対人関係以外にも広がりを見せ,消費者行動論をはじめとして,物やサービスなどマーケティング論の分野にも応用され始めていたが,ここでも同様の特徴として,心理的距離にはいくつ

かの種類があり，その対象によって分類する必要があった。

　組織行動論の分野で日本の研究を概観すると，心理的距離や距離という言葉の使用は確認されたが，距離そのものには，ほとんど注目していない現状が明らかになった。2018年に入ると，海外の研究で尺度の開発が試みられ，個人と組織の関係性を心理的距離によって説明することの必要性が問われていた。しかし，実際には組織の立場から運用を考えた測定尺度の開発であり，尺度の詳細や影響，現象特性については，まだ，明らかにされていない段階であった。このような状況を踏まえて見ると，組織行動論のEOR分野，個人から見た組織との関係性から心理的距離に注目した研究は，ほとんど存在していない状況であると考えられる。そのため，本研究分野において，心理的距離に注目して現象特性を捉えるためには，概念として内容や種類についての検討が必要であることが明らかになった。

　以上のような形で幅広い分野において研究が進められてきた心理的距離は，定義や分類などの違いだけではなく，研究を進めるうえでの課題があることが見えてきた。先行研究レビューから明らかになった課題を念頭に，個人と組織の間における心理的距離の概念生成を行うにあたり，次の3点に注目したうえで現象特性を捉える必要がある。

　第一に，対人関係における心理的距離の研究で課題となっていたように，心理的距離を捉えるには，「近いか遠いか」の認知と，「近づくか離れるか」の欲求や意思，行動が混在しないように現象を見極めることが必要である。これらの現象を注意深く捉え区別することによって，他分野での研究の問題点として指摘されていた課題を回避することが可能になる。

　第二に，対人関係における他者理解と同様に，組織との距離を見出す場合に，個人は組織側から受け取る情報をどのように解釈して関係性を測っているのかという点である。対人関係とは異なり，組織そのものは，言葉を発したり行動を起こしたりすることによって心理的距離を表現できる存

在ではない。この点はEORの古典的概念である心理的契約のコンセプトに当初，組織側の視点をどのように測定するのかという課題があったことと同様である。

第三に，これに関連して，序章の中でも定義をしたように，個人にとって組織は，目には見えないものであり人間関係や文化・伝統など擬似的な対象を通して，その存在を認識している。そのため，個人がどのように組織の言動として，その現象を認識するのかについては，目に見えない対象に対して，それぞれの解釈が介在して，その関係性を理解しているということになる。以上の3点を踏まえたうえで，個人が組織との間に抱く心理的距離について注意深く読み解きながら探究していくことが必要である。

3-3　研究課題の提示

本書の目的は，個人と組織の関係性について，個人の心理的な変容と行動に着目して探究することである。具体的には，個人が仕事や会社，周囲とのかかわりを通じて，組織との関係性を調整する現象に注目をして，心理的距離がどのように影響しているかを検討することである。これを踏まえて，本章ではEORの既存概念と心理的距離の研究についてレビューを行い，議論を進めてきた。それぞれの分野における課題を整理した内容をもとに，本書の研究課題を提示する。

既存概念のレビューから，個人と組織が良好な関係を長期的に築くことは，変化の過渡期にある今日，個人と組織，両者にとっても引き続き必要であると確認された。そのため，本書では，個人が組織に対して抱く心理的距離の影響や，関係性の維持に必要な個人の具体的な行動について明らかにする。さらに，組織行動論の分野に心理的距離を応用するにあたり，既存研究での課題について整理を試みる。具体的には，次の2点を研究課題として設定する。

【研究課題１】
　個人と組織の間には心理的距離が存在しているのか。存在していた場合，分類は可能なのか。

　１つめは，心理的距離の存在の有無と分類の明確化である。先行研究レビューの結果，対人関係の心理的距離は分類して捉える必要性が確認された。それ以外の分野においても心理的距離という言葉を使用して定義付けをする際には分類を行っていた。しかし，個人と組織の間についての心理的距離は，まだ研究自体少なく，尺度開発の試みはあるが，詳細は明らかになっていない。そのため，そもそも個人は，所属する組織に対して対人関係と同様に心理的距離を抱くものなのか否かについての議論も十分ではない。

　以上の理由から，まず，根本的な課題として，個人から見た組織との心理的距離の存在の有無を確認する。そのうえで，個人が抱く組織に対する心理的距離とは，どのような形で分類することが可能なのかについて検討を行う。社会心理学やマーケティングなど，どの分野においても心理的距離は１種類ではないということが示されていた。本書においても同様に，個人が組織に対して抱く心理的距離には種類があるのか，またそれはどのような形で分類が可能であるのかについて探究することが必要である。

　これらの課題を検討するためには，インタビューに基づく質的研究方法を用いて分析を行うことが有効であると考える。そのため，修正版グラウンデッド・セオリー・アプローチを用いて探索的に分析を進め，その概要について説明を試みる。

【研究課題２】
　心理的距離に種類があり分類できた場合，それらが個人と組織の関係性

にどのような影響を及ぼすのか。

　2つめは,【研究課題1】で心理的距離が確認された場合,それぞれどのような意味を持つのか,その現象特性を明らかにすることである。特に個人から見た組織との関係性において,どのような影響が考えられるのかについて探索的に検討をする。そのため,ここでは,インタビューをもとにした修正版グラウンデッド・セオリー・アプローチを用いて分析を行う質的研究方法と,サーベイをもとにしたデータを用いた量的研究方法の両方を複眼的に用いて説明を試みる。さらに,サーベイのデータを用いた量的研究方法の分析では,EORの既存概念との比較を行うことで弁別性の検討や,心理的距離の影響のみならず,先行要因についても確認を進めていく。

　以上,2つの研究課題を設定したうえで,探索的に検討を試みる。そのうえで,最終的には,心理的距離の概念はどのような形で実務への応用が可能なのかについても言及したい。特に,複雑化した組織との関係性の維持に努める必要がでてきた個人にとって,行動指針の1つとして提示することは大切である。社会や雇用環境の変化だけではなく,組織そのものが大きく変化しようとする兆候が見られる中で,組織に所属する個人,一人ひとりがどのように考え行動することが必要なのかについて検討をする。また,個人が自律的に考え行動することの必要性が注目される中,個人がとる具体的な方法を示唆する研究は,まだ十分ではなく,実務の現場にも声として届いていない。心理的距離をとることにより,個人が主体的に考え具体的に行動し,その結果として組織との関係性を長期的に維持することが可能になる方法を明らかにすることで,その一助になればと考えている。

4 小 括

　本章では，EORおよび心理的距離の先行研究のレビューを通して明らかになった課題を整理した。そのうえで，組織行動論に心理的距離を応用して概念生成を検討するにあたり，具体的に2つの研究課題を設定した。この研究課題に基づき，個人が組織に対して抱く心理的距離について探究を進めていく。また，本書において焦点を当てる主体は，組織ではなく個人とする。このような前提のもと，EORの既存概念との比較検討をしたうえで，個人と組織の間に見ることができる心理的距離は，どのような現象として捉えることができるのか，質的研究方法と量的研究方法の両面から検討する。

第 **2** 章

質的調査

本書では，インタビューに基づく質的研究方法とサーベイに基づく量的研究方法を併用し，心理的距離を段階的に探究するアプローチを適用する。ここではまず，質的調査方法について説明を行う。

1 インタビュー調査の概要

1-1 調査対象者の設定

本調査では，対象を社会人経験10年以上のキャリア中期の正社員と設定する。その理由は次の通りである。

Schein（1978）は，初期キャリアから10年程が自己イメージを固め，自分自身の役割を開発する時期としている。Morrow& McElroy（1987）も，キャリアステージの違いを30歳以下（試行期），31-44歳（安定期），45歳以上（維持期）と分類し（山本，1994），30歳以下のキャリア初期は試行期であると設定している。組織の中のどのような経験が，一体感や帰属することに迷いを与えるのか，そもそも迷いは実際に生じているのか，心理的距離の存在について探索的に検討することが本書の目的の1つである。そのため自己理解をするための試行錯誤の渦中では，その現象特性をきちんと捉えることができないと考えた。これらの議論を参考に，自分のあり方について試行錯誤の段階であるキャリア初期は本調査の対象外とした。経験を振り返り自分自身と組織の関係についてリッチな語りのデータを得るため，安定・維持の時期とされる社会人経験10年以上を対象とした。

30歳代から40歳代を中心とした中年期以降のキャリアは，変化の認識，方向転換の模索や軌道修正と適応など複雑で変化のある課題が多い時期であり（岡本，1997），50歳代はキャリアの最終的な仕上げの段階である（二村，2009）。また，実際の転職者比率も若い年齢層に比べ低下する[1]ことか

ら，組織との関係維持に移行する時期であるとも考えられる。そのような時期にある個人を対象とすることで，変化の兆候が見え始めた日本の組織の中で関係性をどのように模索し調整しているのか，深く考察するためのデータ収集が可能であると考えた。

　さらに，雇用形態によって組織との関係性は大きく異なるため，本調査における対象は，序章の雇用環境の変化においてデータを示し，変化の兆候について議論を進めてきた正社員または正規職員と限定した。

　今回，調査対象者を選考するにあたり，転職についても考慮にいれ，転職経験のあり・なしの両者を対象とした。転職とは，実際に組織間キャリア移動をした勤労者であり，日本では増加傾向にあるが，終身雇用慣行を残している組織も多い（山本，2008）。しかし，組織との同一化を求めない行動の1つが去る選択である転職ともいえる。そのため個人の経験や行動のプロセスを探索的に検討するには注目すべき要素であると考えた。以上の理由から対象者を設定しインタビューを実施した。

1-2　調査対象者の属性

　調査対象者は，筆者の知人もしくは知人からの紹介でサンプリングを行った。スノーボール式のサンプリングを行った理由は，筆者に近い立場から語りを得ることにより，表面的ではない，より深いインタビューのデータ収集が可能になると考えたためである。心理的距離という目には見えない現象を捉えるためには，リッチなデータ収集が重要な要素であると考えた。

　インタビュー調査は，性別・年代・業種・職位が極端に偏ることのないよう配慮し，比較検討のため転職経験の有無も加え，理論的サンプリング

1）　2022年度の転職者比率は，15-24歳9.2％　25-34歳6.8％　35-44歳4.3％　45-54歳3.3％であった（総務省「労働力調査（詳細集計）」（年平均））。

を行った。その結果，日本の企業で働く，社会人経験10年以上の正社員，男性8名，女性7名の計15名を対象とした（表2.1）。

1-3　実施期間と調査方法

インタビュー調査は，2017年2月から2017年4月にかけて行われた。全て1対1で実施し，時間は1人当たり1時間から2時間程度であった。インタビューは，インタビュイーの自由な語りを得るために半構造化面接を採用した。面接は，対象者の勤務する企業の会議室または指定場所にて実施した。面接にあたり，調査依頼時に提示した本書の目的や情報の取り扱い，倫理的配慮について口頭と書面にて再度説明を行った。そのうえでインタビュイーの許可のもと，内容をICレコーダーに録音し，インタビュー後に筆者自身が逐語録を作成し，そのデータを用いて分析を行った。逐語

表2.1　インタビュイー属性一覧

NO.	年齢	勤務経験	性別	業種	職位	転職経験
1	44	21年	男	製造	管理職	あり
2	47	23年	男	製造	管理職	あり
3	39	16年	男	サービス	管理職	あり
4	36	13年	男	サービス	管理職	あり
5	48	25年	女	メーカー	専門職	なし
6	43	20年	女	メーカー	専門職	あり
7	47	24年	女	金融	管理職	なし
8	49	24年	男	教育	管理職	あり
9	43	18年	男	メーカー	管理職	あり
10	48	25年	男	メーカー	管理職	あり
11	52	32年	女	メーカー	専門職	あり
12	32	10年	女	サービス	専門職	あり
13	40	13年	男	サービス	管理職	あり
14	45	22年	女	メーカー	専門職	あり
15	32	10年	女	公務	専門職	なし

録の作成時は，個人名や会社名が特定できないようアルファベット1文字での表記とした。

2 インタビュー内容

インタビューは，半構造化面接を採用した。インタビューをする際には，「あなたの組織」という表現を使用し，こちらから具体的な形で組織の例を示すのではなく，序章で定義をしたように会社組織についての対象は，インタビュイーの自由なイメージに委ね語りを得る形とした。また，本書における研究課題の1つは，心理的距離の有無について存在を確認することである。そのため，インタビューでは「心理的距離」や「距離」という言葉は使用しないよう，表現に注意を払い進めた。

最初に，組織を近くまたは遠く感じた経験を想起してもらい，①その時の状況，②何をどのように感じ考えたのか，③近くまたは遠く感じた理由，④その後の考えや行動の変化について，具体的な状況や気持ちの動きも含め自由に語ってもらった。

3 分析方法

本調査では，設定した研究課題を念頭に置いたうえで，インタビューデータを仮説発見型アプローチである修正版グラウンデッド・セオリー・アプローチ（M-GTA）を用いて分析し概念の生成を行う。

M-GTAのもととなるオリジナル版グラウンデッド・セオリー・アプローチ（GTA）は，Glaser & Strauss（1967）によって創造された社会学の方法論である（戈木, 2006）。1965年に, Glaser & Straussが「Awareness of Dying（死のアウェアネス理論）」と題して，当時あまり明らかにされ

ていなかった事象，具体的には終末期の患者や家族，看護師のインタビュー・データをもとに，死を迎える患者を中心に，当事者やそれを取り巻く人々がどのような想いを持ち，どのように対応をしているのかについてプロセス化し概念形成を行った。この調査結果を書籍にまとめ出版したことが，GTAの起源とされている。その際に用いた調査分析手法をGTAとしてまとめ，2年後の1967年に出版したことにより，主に看護や医療などのヒューマン・サービスの領域を中心に広まっていった調査分析の手法である。GTAは，社会調査を通じて体系的に獲得されたデータから理論を発見することを目的とした質的研究方法であり，データに密着した分析から独自の理論生成をする研究法として国際的にも注目されている（木下，2003）。近年では，経営学の分野においても広がりを見せ始めている分析手法であるが，GTAは未だ完成された形や手順がなく，おおむね4つのタイプに分化しているという課題がある。

　本書では，このようなGTAの課題を踏まえて，方法論として分析プロセスが確立している修正版のGTAであるM-GTAを用いて分析を行う。修正版の主要特性として，M-GTAの開発者である木下（2003）は，以下の7項目を挙げている。

M-GTAの主要特性
（1）グラウンデッド・セオリーの理論特性5項目（表2.2）と内容特性4項目（表2.3）を満たすこと
（2）データの切片化をしない
（3）データの範囲，分析テーマの設定，理論的飽和化の判断において方法論的限定により分析過程を制御
（4）データに密着した分析をするための独自のコーディング法の使用
（5）【研究する人間】の視点を重視

表2.2　グラウンデッド・セオリーの理論特性5項目

	理論特性
1	グラウンデッド・セオリーは，データに密着した分析から独自の説明概念をつくり，統合的に構成された説明力に優れた理論である。
2	グラウンデッド・セオリーは，継続的比較分析法による質的データを用いた研究で生成された理論である。
3	グラウンデッド・セオリーは，人間と人間の直接的なやりとり，すなわち社会的相互作用に関係し，人間行動の説明と予測に有効であり，研究者によってその意義が明確に確認されている研究テーマによって限定された範囲内における説明力にすぐれた理論である。
4	グラウンデッド・セオリーは，人間の行動，他者との相互作用の変化を説明できる。
5	グラウンデッド・セオリーは，実践的活用を促す理論である。

出所：木下（2003）の分類に基づき筆者が作成

表2.3　内容特性4項目

	内容特性
1	現実への適合性
2	理解しやすさ
3	一般性
4	コントロールのしやすさ

出所：木下（2003）の分類に基づき筆者が作成

（6）面接型調査に有効
（7）解釈の多重的同時並行性を特徴とし，分析作業を段階分けしない

　今回M-GTAを用いて質的研究を実施する理由は，①組織と個人の関係性に注目し，人間の認知と行動の複雑さを整理したうえで概念化するための研究であること，②人間の認知と行動ならびに周囲との相互作用や変化の過程を説明する研究であること，③現実に適合した理論生成により，働く個人が実際に現場で理解し応用することを目的としていること，以上3

点から本調査に適した分析方法と考えたためである。

以上の理由から，本調査における分析は，木下（2003）の手順に基づき実施をする。そのうえで，M-GTA分析を用いて経験から認知や具体的な行動について変化のプロセスを明らかにする。M-GTAは，独自の用語を用いて作業を進めていく方法であるため，分析を行うにあたり基本的な用語説明を，木下（2003, 2005）および岡田（2017）の要約に沿って**表2.4**に示す。

なおM-GTAを用いた実際の分析手法については，以後分析結果を得るまでの作業プロセスを示すことにより，具体例を挙げ説明を行う形をとる。

4 分析テーマと分析焦点者

本調査では，まず個人が組織を身近な存在と感じる，逆に遠く感じる，といった経験がどのように認知やその後の行動に結びつくのかに注目をする。そのうえで，個人が具体的にとる行動とその意味を説明することを試みる。

手順に従い，データに密着した分析をするため，研究テーマを分析がしやすいところまで絞り込む作業を行い（木下，2003），M-GTAでの分析テーマを設定した。本調査におけるM-GTAの分析テーマは，「キャリア中期正社員から見た組織との関係性調整プロセス」とした。また，概念やカテゴリーレベルで，分析結果の中心に位置する人間（木下，2003）として設定する分析焦点者は，「キャリア中期の正社員」とした。

5 概念及びカテゴリー生成

M-GTAで生成する概念とカテゴリーは，木下（2003, 2005）の手順に従

表2.4 M-GTAの基本用語説明

用語	説明
分析テーマ	M-GTAでは研究テーマに対して分析テーマを設定する。研究テーマは通常その研究の目的や意義が反映されるので、比較的大きなテーマ設定となる。そのテーマをデータに基づいた分析がしやすいところまで絞り込む必要が出てくるため、分析テーマを設定する。
分析焦点者	分析結果の中心に位置する人間。特定の人間に焦点を当てて解釈をしていくことを意味する。分析焦点者は通常、面接の対象者となる。データを解釈するときに「その人間から見れば、あるいは、その人間にとっては、これはどういう意味になるのか」という観点で考える。
概念	M-GTAでは分析の最小単位を概念と称している。最終的な分析結果であるグラウンデッド・セオリーを構成する概念とは、データの解釈から生成された仮説的なものであり、その概念を用いることで人間行動や社会的相互作用の一定の多様性を説明でき予測できる。概念名は抽象的な言葉だけではなくin-vivo概念としてデータの言葉や表現そのものを使用してもよい。
概念の生成	M-GTAでは実際の概念生成は、分析ワークシートと呼ぶ書式を使って行う。概念は動的で何らかの動きを説明できる言葉、またあまり一般的すぎない言葉をデータに基づき生成する。
カテゴリー・カテゴリーグループ	個々の概念について他の概念との関係を検討し、関係してくる概念から成るカテゴリーを生成する。このカテゴリーをさらに結びつけたものがカテゴリーグループである。
結果図	分析焦点者を中心とした人間の行動や相互作用の変化、動きを説明する図である。データから概念へ、概念からカテゴリーへと包括的にまとめられてきた作業が1つに収束されることを意味するプロセスの図である。主要なカテゴリーの関係を線や矢印で表すので、相互の影響関係や変化のプロセスが分かりやすくなる。
ストーリーライン	必要最小限の記述として、分析結果の全体の要約とその構成を述べたもの。A4サイズ1枚以内にまとめ、原則として生成した概念名やカテゴリーのみで簡潔に文章化する。

出所:木下(2003, 2005), 岡田(2017)をベースに筆者加筆

い作業を進めた。プロセスを明らかにする分析では，個人が自身の振り返りをする中で，会社や組織を近く，または遠く感じた経験をスタートに設定し，経験を繰り返す中で自分にとって丁度良いと感じる組織との関係性が形成されると考え，そこをゴールと捉えた。

　概念名，定義，バリエーション，理論的メモを記載しながら分析ワークシートを作成し，分析テーマに照らし合わせ対極例を検討していく作業を繰り返し行った。その後，概念間の関係を考えカテゴリーを作成し，カテゴリーを軸にカテゴリーグループを考え，全体の構成をプロセスとしてまとめた。

　なお，次節以降では，一般的に用いる概念という単語と区別するため，M-GTAで生成した概念は「概念」，または「概念名」と「　」書きで表記をする。

6 分析プロセスの検討

　分析過程でM-GTA分析経験者から分析テーマ，分析焦点者の設定や概念生成についてアドバイスを受けた。また，手順に沿ってM-GTA分析のスーパーバイザーに指導を受け（木下，2005），研究テーマに反映されている問題意識や解釈の検討を行った。その結果，問いの形でデータに基づいた具体的な解釈が可能になり，結果図やストーリーライン生成の方向性を明確に設定することができた。以上のような形で，M-GTAの調査分析手順に沿って，分析テーマ，分析焦点者を設定したうえで，「概念」とカテゴリーを生成しプロセスを検討してきた。

　次節では，引き続きM-GTAの手順に沿って分析結果を示したうえで，心理的距離について探究を進める。

7 分析結果

本節では，M-GTAの手順に沿って分析を行った結果をもとに考察を行う。議論を進めていくにあたり，ここで改めて研究目的と研究課題を提示する。

本書での研究目的は，個人と組織との間に心理的距離が存在するか否かを確認することである。また，その心理的距離が，その後の認知や行動にどのように影響しているかを明らかにする。そのうえで，次の2点を研究課題として設定する。

① 個人と組織の間には心理的距離が存在しているのか。存在していた場合，分類は可能なのか。
② 心理的距離に種類があり分類できた場合，それらが個人と組織の関係性にどのような影響を及ぼすのか。

ここでは，先行研究から仮説を設定し検証するのではなく，上記の研究目的と研究課題を念頭に，仮説発見型のアプローチを採用する。インタビューデータを使用し，M-GTAによる分析を行い，結果をもとに考察を進めていく。

インタビューデータをもとに，M-GTAの手順に沿って探索的に分析を行った結果，4つのカテゴリーグループ，14のカテゴリー，39の「概念」が生成された。これらの「概念」とカテゴリーをもとに，「キャリア中期の正社員から見た組織との関係性調整プロセス」の仮説モデルとして，それぞれの「概念」とカテゴリーの関係性をまとめプロセスを検討した。最終的に完成したプロセスは，図2．1の結果図としてまとめた。

最初に，結果図に基づくストーリーラインを使いプロセスを示し，その

第2章 質的調査　75

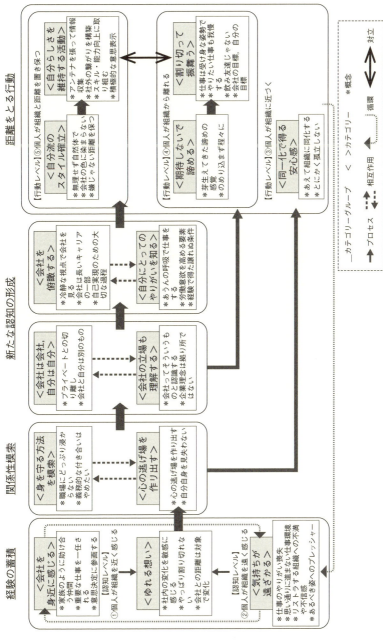

図2.1　キャリア中期の正社員から見た組織との関係性調整プロセス

後，各項目の詳細説明と考察を行う。ストーリーラインは，原則として作成したカテゴリー名及び「概念名」のみを組み合わせてプロセスを示す手順となっている。以下では，カテゴリーグループを『　』，カテゴリーを＜　＞,「概念」を（　）で表示する。

7-1　ストーリーライン

　個人は組織の中で『経験の蓄積』をする。＜会社を身近に感じる＞経験は，（家族のように助け合う仲間）や，（重要な仕事を一任される），（意思決定に参画する）等である。一方で，＜気持ちが遠ざかる＞経験には（仕事のやりがい喪失），（思い通りに進まない仕事環境），（リストラする組織に対する不満や不信感），会社からの（あるべき姿へのプレッシャー）などがあり，（社内の変化を敏感に感じ取り），（やっぱり割り切れない）気持ちを抱き，仕事，上司や同僚などとのかかわりを通じて（会社との距離は対象で変化）する＜ゆれる想い＞を抱く。

　組織との『関係性模索』をする個人は，＜心の逃げ場を作り出す＞ため（自分自身を見失わず），＜身を守る方法を模索＞し（職場にどっぷり浸からない），（義務的な付き合いはやめたい）と考え始める。この不安を早く解決することを求め，＜同一化で得る安心感＞を得るため（あえて組織に同化）し，（とにかく孤立しない）ように組織に近づく行動をとる。

　一方,『新たな認知の形成』に繋がるケースもある。個人は，＜会社は会社,自分は自分＞と考え，（プライベートとの切り離し），（会社と自分は別のもの）と捉え，＜会社の立場も理解し＞,（企業理念は拠り所ではなく），（会社ってそういうものと認識）する。その結果,『距離をとる行動』の1つ,個人が組織から離れる行動として＜期待しないで諦め＞,（芽生えてきた諦めの感覚）や（のめり込まずに程々に），＜割り切って振舞い＞,（仕事は受け身な姿勢で），（やりたい仕事も我慢する）。また（飲

み友達じゃない）と社内行事の参加にも消極的になり，（会社の目標，自分の目標）を結びつけることもなくなる。

　しかし，『新たな認知の形成』の中で，次の段階のプロセス，＜会社を俯瞰する＞視点を手にいれ，（冷静な視点で会社を見る），（会社は長いキャリアの一部），（自己実現のための大切な過程）と認識し，＜自分にとってのやりがいを知り＞，（あうんの呼吸で仕事をする），（労働意欲を高める要素），（経験で得た譲れぬ条件）の視点を持つことで，組織から遠のく行動とは異なる変化が起こる。個人は，『距離をとる行動』で，組織と距離を置き保つため，＜自分流のスタイルを確立＞し，（無理せず自然体）で，（会社の色に染まらず），（嫌じゃない距離を保つ）。個人は，＜自分らしさを維持する活動＞として，（アンテナを張って情報収集），（社外の繋がりを構築）し，（スキル・能力向上に取り組み），（積極的な意思表示）をする活動を組織の内外で開始する。この調整プロセスは組織に所属する限り『経験の蓄積』，『関係性模索』，『新たな認知の形成』，『距離をとる行動』と繰り返され，組織との関係性は変化する。

　以上が，M-GTAの手順に沿って，結果図に基づくプロセスをストーリーラインとして提示した内容である。

7-2　カテゴリーグループごとの結果と考察

　ここでは，分析結果を踏まえて組織との関係性調整プロセスについて，詳細の説明とカテゴリーグループごとの考察を行う。分析の結果，生成されたカテゴリーグループは，『経験の蓄積』，『関係性模索』，『新たな認知の形成』，『距離をとる行動』の4つである。

7-2-1 経験の蓄積

会社を近い，または遠いと感じた体験からなる『経験の蓄積』のカテゴリーグループでは，3つのカテゴリー，＜会社を身近に感じる＞，＜気持ちが遠ざかる＞，＜ゆれる想い＞と，10の「概念」，（家族のように助け合う仲間），（重要な仕事を一任される），（意思決定に参画する），（仕事のやりがい喪失），（思い通りに進まない仕事環境），（リストラする組織への不満や不信感），（あるべき姿へのプレッシャー），（社内の変化を敏感に感じる），（やっぱり割り切れない），（会社との距離は対象で変化），が生成された（表2.5）。

表2.5 カテゴリーグループ『経験の蓄積』のカテゴリーと概念一覧

カテゴリーグループ	カテゴリー	概念	定義
経験の蓄積	会社を身近に感じる	家族のように助け合う仲間	自分のチームや同僚は家族のような大切な存在と感じた経験
		重要な仕事を一任される	チャレンジが必要な仕事を任された戸惑いと喜び，信頼されていると実感した経験
		意思決定に参画する	会社や組織の意思決定に少しでもかかわっているという実感を得る経験
	気持ちが遠ざかる	仕事のやりがい喪失	仕事に対するやりがいや楽しさが見つけられない状況に陥っているという自己認識
		思い通りに進まない仕事環境	組織の中では自分の思った通りに事が進まないものであるという認識
		リストラする組織への不満や不信感	会社が行っている人事異動やリストラに対して感じる不満や不信感
		あるべき姿へのプレッシャー	会社が望む理想の社員像に染まる抵抗感
	ゆれる想い	社内の変化を敏感に感じる	組織の編成替え，吸収合併などの動きで職場環境が大きく変わる危機感や不安
		やっぱり割り切れない	考え方が異なっても合わせる必要性を感じ従うこともある
		会社との距離は対象で変化	会社との距離は目を向ける対象によって異なる

調査分析を実施する当初は，組織と一体感を持って働いている状態が，距離が近い状態であると考えて，そこから気持ちが離れるプロセスを想定していた。そのため，近く感じた経験は若手の頃と予想したが，実際はキャリア初期に限定されず，〈家族のように助け合う仲間〉との関係を築くことや，〈重要な仕事を一任される〉，会社の〈意思決定に参画する〉という仕事や企業のマネジメント側にかかわるなど様々な時期や経験が確認された。また，対人関係だけではなく仕事経験なども対象であることが明らかになった。

　組織を遠く感じる経験も，身近に感じる経験と同様であり，仕事に関連した内容として〈仕事のやりがい喪失〉や〈思い通りに進まない仕事環境〉，会社組織に抱く感情として，〈リストラする組織への不満や不信感〉，会社のカラーに染まることに対する〈あるべき姿へのプレッシャー〉など，様々な対象に向けられていることが明らかになった。この組織を近い・遠い，と感じた経験に見られる現象特性は，序章で概念の整理を行った個人が知覚する組織の定義に共通する点も多く，個人は，同僚，仕事，企業文化など，擬似的な主体として組織を捉えていることが確認できる結果となった。

　また，インタビューをする中で，身近に感じる経験と気持ちが遠ざかる経験として，近い・遠い，を繰り返すことで，複雑で安定しない感情を抱いている現象を読み取ることができた。この現象に注目し，M-GTAでプロセスを捉えるうえで重要な意味を持つとされる最初のコアカテゴリーを，＜ゆれる想い＞と命名した。このカテゴリーを設定したことで，画一的ではない動きが見えてきた。

　個人は，組織との相互作用の中で，自分が所属する組織を近くまたは遠く感じる。これは，仕事，上司や同僚など目を向ける対象によっても異なり，複雑に変化する不安定な感覚を持ちながら関係性維持に努めている。

会社が従業員のために必要と考え企画するイベントや飲み会の開催，会社のカラーや理念の共有なども，個人にとって（あるべき姿へのプレッシャー）として気持ちが離れる要因になる可能性も明らかになった。逆に，＜会社を身近に感じる＞経験として大きな影響を与えていたものとして，同僚やチームのメンバーの存在が確認された。また，仕事に関わる喜びなども，会社を近く感じる経験として多く語られる結果となった。

　ここでの特徴として，この近い・遠いと感じる経験は，インタビューイーの一人ひとりが，どちらか一方に偏っているという訳ではなく，どちらも経験しているということが明らかになった。このような近い・遠い，を経験することが＜ゆれる想い＞に結びついていることが確認できた。

　序章や第1章で，変化の兆候として取り上げた正社員の意識，特に組織との一体感から安心を得られない理由の1つとして，このような経験の蓄積から抱く＜ゆれる想い＞の影響が示唆される結果となった。また，この経験から抱く感情は，組織そのものではなく，組織の擬似的な対象である他者の振る舞いや，目の前の事象の背後に隠れていることを，受け手である個人が推測して得られるものである。そのため，ある1つの共通した経験が，そこにいた誰に対しても同じ感情に結びつくのではない。同じ事象であっても，受け手による経験の意味付けは画一的なものではないという特徴が見られた。

7-2-2　関係性模索

　組織との間に＜ゆれる想い＞を抱いた個人は，その不安定な状況を解消するため組織との『関係性模索』を行う。この『関係性模索』のカテゴリーグループでは，2つのカテゴリー，＜心の逃げ場を作り出す＞，＜身を守る方法を模索＞と，4つの概念，（心の逃げ場を作り出す），（自分自身を見失わない），（職場にどっぷり浸からない），（義務的な付き合いはや

表2.6 カテゴリーグループ『関係性模索』のカテゴリーと概念一覧

カテゴリーグループ	カテゴリー	概念	定義
関係性模索	心の逃げ場を作り出す	心の逃げ場を作り出す	自分の中で心理的な逃げ場を作っている
		自分自身を見失わない	会社に依存して自分を見失う働き方はしないと考える
	身を守る方法を模索	職場にどっぷり浸からない	仕事をするにはある程度の距離があった方が良いと考える
		義務的な付き合いはやめたい	仕事以外の交流は勇気を持って断るように努める

めたい），が生成された（表2.6）。

個人は，組織を近く感じたり遠く感じたりを日常の相互作用の中で経験する。しかし，このような心的環境は不安定であるため，＜心の逃げ場を作り出す＞。そのために，自分自身の＜身を守る方法を模索＞する。この現象特性は，人間が無意識に安心と不安をコントロールする防御本能を備えている（Hall, 1966）ことに加え，対人関係においても示されていた経験による心理的距離の不一致を縮小しようとする意識（Festinger, 1957）が働いているとも推測される。

＜ゆれる想い＞を抱いた個人が組織との関係性を維持していくには，この心理的に不安定な状態を解決したいと考え始める。個人は，身を守るために（職場にどっぷり浸からない），仕事以外の（義務的な付き合いはやめたい）など，組織から意識のうえで離れ，＜心の逃げ場を作り出す＞。

この時点での個人は，組織との関係性をまだ模索している状態である。しかし，ここから具体的な行動へと分岐するカテゴリーがあった。それが＜同一化で得る安心感＞である（表2.7）。

このカテゴリーは，不安を払拭して安心感を得るための選択肢として，自らを組織に近づけ一体感を得ることで身を守る行動をとっている。「概念名」には，「あえて」や「とにかく」といった表現が見られることから

表2.7 同一化で得る安心感カテゴリー

カテゴリー	概念	定義
同一化で得る安心感	あえて組織に同化する	組織に溶け込み不安を払拭したい欲求を態度で示す
	とにかく孤立しない	組織に貢献して積極的にアピールし孤立を防ぐ

も明らかなように，心から喜んで組織に同一化していないという特徴もある。組織から意識のうえで離れ，＜心の逃げ場を作り出す＞個人が，このような形で安心感を得るために，「あえて，わざと近づき」組織に同一化していく行動は何故起きるのか。個人は，自発的に自由な行動をとることが可能であるが，それは一方で，強烈な孤独や不安，無力の感情を伴う (Fromm, 1941)。そのため，自由になるために離れるという選択肢があるにもかかわらず，あえて近づくという行動を取っている可能性がある。本意か否かにかかわらず，心理的に組織に近づく行動は，この不安定な環境から＜心の逃げ場を作り出す＞ため，＜身を守る方法を模索＞した結果として選択される解決策の1つであると考えられる。

一方で，自分自身と組織との関係性について考えることに目を向け，さらに認識を深める方向に向かうプロセスも見出された。次に，その詳細について説明する。

7-2-3 新たな認知の形成

『関係性模索』をする中で個人は，自分なりの考え方を導き出していく。そのプロセスが『新たな認知の形成』のカテゴリーグループの4つのカテゴリー，＜会社は会社，自分は自分＞，＜会社の立場も理解する＞，＜会社を俯瞰する＞，＜自分にとってのやりがいを知る＞と10個の「概念」，（プライベートとの切り離し），（会社と自分は別のもの），（会社ってそういうものと認識する），（企業理念は拠り所ではない），（冷静な視点で会社を見る），（会社は長いキャリアの一部），（自己実現のための大切な過

表2.8 カテゴリーグループ『新たな認知の形成』のカテゴリーと概念一覧

カテゴリーグループ	カテゴリー	概念	定義
新たな認知の形成	会社は会社,自分は自分	プライベートとの切り離し	社内では一線を引いてプライベートと区別する
		会社と自分は別のもの	会社イコール自分自身ではないことを自覚する
	会社の立場も理解する	会社ってそういうものと認識する	自分なりの会社との付き合い方を見出す
		企業理念は拠り所ではない	企業理念や目標は自分の拠り所にするほどの存在ではない
	会社を俯瞰する	冷静な視点で会社を見る	会社の動きを客観的な視点で見て理解を深める
		会社は長いキャリアの一部	会社が全てではなく長いキャリアの一部分
		自己実現のための大切な過程	自分のやりたいことを実現するための大切な過程
	自分にとってのやりがいを知る	あうんの呼吸で仕事をする	意思の疎通が仕事のやりがいに繋がる実感
		労働意欲を高める要素	自分の労働意欲を高める要素を自覚する
		経験で得た譲れぬ条件	仕事をするうえで大事にすることを経験から見出す

程),（あうんの呼吸で仕事をする),（労働意欲を高める要素),（経験で得た譲れぬ条件),である（表2.8）。

この『新たな認知の形成』のカテゴリーグループのプロセスの過程には2つの段階があった。

1段階目のカテゴリーで個人は,＜会社は会社,自分は自分＞として,（プライベートと切り離し),（会社と自分は別のもの）と考える。ここでは,＜会社は会社,自分は自分＞であることを認識しているが,これは組織コミットメント（Allen & Meyer, 1990）や組織アイデンティフィケーション（Ashforth & Mael, 1989）が弱まること,一体感や同一化している気持ちが薄れるという意味とは異なる現象であると考えられる。また,

ディスアイデンティフィケーション（Ashforth, 2001）の乖離とも異なる次元での認識であると推察される。それは，＜会社の立場も理解する＞という，組織の存在自体を否定していない点から読み取ることができる。さらに，＜会社の立場も理解した＞うえで，（会社ってそういうものと認識）をして，会社の存在自体は受け入れている点から見ると，組織の存在自体に興味がなくなった訳ではなく，また，乖離や反発の対象として捉えている訳でもないと考えられる。

『新たな認知の形成』の2段階プロセスは，図2.2の通りである。『新たな認知の形成』が2段階目に移ると，個人は＜会社を俯瞰する＞視点を持つ。この一歩引いた立ち位置は，同一化や一体感を持つことでは見えてこない客観的な視点である。また，俯瞰して組織との関係性を考えることが，＜自分にとってのやりがいを知る＞ことにも繋がり，行動のプロセスに結びついていた。さらに，（冷静な視点で会社を見る）ことや（会社は長いキャリアの一部）と考え，（自己実現のための大切な過程）として，組織との関係性を一歩引いて捉えている点にも特徴がある。

個人と組織を取り巻く環境が変わる中で，EOR研究が蓄積してきた概念で注目している組織に合わせて同一化することや乖離や反発とは異なる

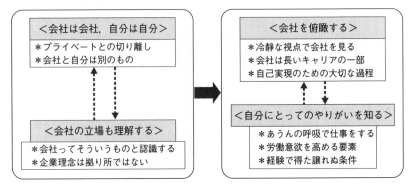

図2.2　『新たな認知の形成』の2段階プロセス

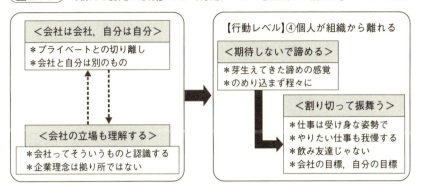

図2.3　『新たな認知の形成』から「行動レベル：④組織から離れる」へのプロセス

形で組織との関係性を捉えている個人の存在が、このプロセスでは見えてきた。この俯瞰した視点を持ち、自分にとってのやりがいを知ることに繋がるか否かが、その後の行動にも影響を与える。そのため、この『新たな認知の形成』プロセスは、個人と組織の関係性を考えていくうえで、重要な意味を持つカテゴリーグループであると考えられる。

分析の結果、ここでのプロセスは、図2.3のように、一段階目で分岐をして『距離をとる行動』に移るケースも見られた。この行動レベルのプロセスについては、改めて後に説明をする。

7-2-4　距離をとる行動

つぎに『新たな認知の形成』を経て個人の行動がどのように変化するのかに注目し、『距離をとる行動』のカテゴリーグループについて、カテゴリーと概念について説明を行う（表2.9）。

『距離をとる行動』のカテゴリーグループは、行動レベルで3つに分離する結果となった。カテゴリーグループは、図2.4の通りである。

1つめは、先に示した『関係性模索』から直接繋がるカテゴリー＜同一化で得る安心感＞である（表2.7）。これは、「概念」として、＜あえて

表2.9 カテゴリーグループ『距離をとる行動』のカテゴリーと概念一覧

カテゴリーグループ	カテゴリー	概念	定義
距離をとる行動	自分流のスタイル確立	無理せず自然体で	自分が自然体でいられる環境を意識的に作る
		会社の色に染まらない	同一化ではなく自分自身の考えをきちんと維持する
		嫌じゃない距離を保つ	自分がちょうど良いと感じる関係性を維持する
	自分らしさを維持する活動	アンテナを張って情報収集	業務を円滑に進め課題解決に繋がる情報収集に取り組む
		社外の繋がりを構築	会社以外のコミュニティで気持ちの余裕と学びを得る
		スキル・能力の向上に取り組む	既存業務以外のスキルや新しい仕事に向けて能力向上に挑戦する
		積極的な意思表示	自分の考えを組織に伝え主体的に関わる努力をする
	期待しないで諦める	芽生えてきた諦めの感覚	仕事を続け組織に関わってきたことで生まれてきた諦め
		のめり込まずに程々に	組織で働き続けるには割り切って付き合うことも必要
	割り切って振舞う	仕事は受け身な姿勢で	仕事は挑戦せず与えられた業務を現状維持で遂行する
		やりたい仕事も我慢する	やりたいことがあっても交渉せず諦め従う
		飲み友達じゃない	義務的な行事や飲み会には参加しない
		会社の目標,自分の目標	会社と自分の目標は別のもの

組織に同化する＞,＜とにかく孤立しない＞の2つから成り立ち,個人が自らの意思で組織に近づく行動である。

2つめは,＜期待しないで諦める＞カテゴリーと,＜割り切って振舞う＞カテゴリーからなる,組織から離れる行動である。個人は,組織に働きかけず（芽生えてきた諦めの感覚）や（のめり込まずに程々に）という形で,組織に対するかかわりを＜期待しないで諦める＞行動で示し始める。それが,（仕事は受け身な姿勢で）行い,（やりたい仕事も我慢する）と

図2.4 『距離をとる行動』のカテゴリーグループ

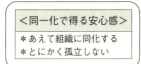

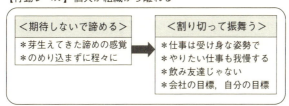

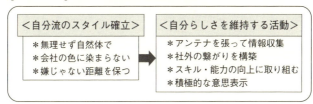

いった形で表面化する。社内行事の参加にも消極的で，(会社の目標，自分の目標) を結びつけることもない関係性は，個人と組織双方にとって良好であるとは考えづらい。今回のインタビューでは，このプロセスが直接，離職に至るケースはなかったが，この行動を継続することが離職意思に結びつく可能性は十分考えられる。この距離をとる行動の1つである個人が組織から離れる行動は，個人と組織の関係性を考えるうえで，ネガティブな要素として捉え，対処する必要があると思われる。

3つめは，個人が組織と距離を置き保つ行動である。<自分流のスタイル確立>から<自分らしさを維持する活動>を行い始める。これは，(アンテナを張って情報収集)，(社外の繋がりを構築)，(スキル・能力の向上に取り組む)，(積極的な意思表示) という概念名からも明らかなように，

個人自らが組織に働きかけ関係性を構築する行動である。近い，遠いではなく，一定の距離を置き保つことで組織を俯瞰して見ながら積極的にかかわる姿が読み取れる。この行動は，能動的に考え組織に働きかけるという点から見ると双方にとって良好な関係であるとも考えられる。また，（嫌じゃない距離を保つ）概念からは，距離を調整することが関係性を維持するためには必要であり，その行動が個人の安心感に結びついているとも考えられる。

以上のように『距離をとる行動』には，3つのパターンがあり，それぞれの行動によって個人と組織の関係性に異なる結果をもたらす可能性が示唆された。

7-3　組織とのかかわり方の分類

「キャリア中期の正社員から見た組織との関係性調整プロセス」の仮説モデルから，カテゴリーグループが作成された。そのうちの1つ，『経験の蓄積』で個人と組織の間に生じる＜ゆれる想い＞は，個人が意図的に組織との関係性をコントロールした結果ではなく，日常の中で個人が遭遇したことが要因となって心理的に抱く感情であった。ある経験から嬉しい，悲しいなどの感情を抱き，その経験が組織に対する距離として，会社を近い・遠いという形で認識していた。この距離は，対人関係における，近い・遠いといった認知を表す心理的距離（山根，1987；藤井，2004）と同様に，ある出来事をその時点での自分と組織との距離として捉え，認知している状態を表していた。こういった経験の蓄積の影響が，組織に対して一体感や帰属することに迷いを与える要因になると考えられる結果となった。

一方，『距離をとる行動』は，個人が組織とのかかわり方を調整した結果として，3つに分かれていた。いずれの場合も不安を払拭し，身の安全

表2.10 心理的距離のパターン

レベル	認知レベル	行動レベル
距離のパターン	① 個人が組織を近く感じる ② 個人が組織を遠く感じる	③ 個人が組織に近づく ④ 個人が組織から離れる ⑤ 個人が組織と距離を置き保つ
本人の意識	受動的	能動的・意識的
説明	経験することで認識する	意図的に考えて行動している
もたらされる感情	安心感・不安感	安心感

を守り安心感を得るため，自らの意思で関係性を構築していた。これは，対人関係における心理的距離のとり方，近づくか離れるかという意思や方向性を持つ行動（藤井，2004）と同様の意味を持つとも考えられる。

今回M-GTAを用いた探索的な分析の結果，この組織との関係性の調整プロセスの中に見られる心理的な「距離」は分類することができると考えた。個人から見た組織との関係性について心理的距離を用いて整理をすると，表2.10のようになる。心理的距離のパターンは，認知レベルで2種類，行動レベルで3種類に分けることができる。

8 発見事実と結果の考察

本章では，仮説発見型アプローチを用いて，インタビューデータをもとに分析を行った。具体的には，個人と組織との間に心理的距離は存在するのか，さらに認知や行動にどのように影響しているかを明らかにすることを目的に，個人と組織の関係性について探索的に検討を進めてきた。その結果，「キャリア中期の正社員から見た組織との関係性調整プロセス」のモデルとして結果図をまとめることができた。ここでは，研究課題として設定した2つの問いについて，分析結果を踏まえ考察する。

8-1　心理的距離の存在と影響

　個人は組織との相互作用の中で経験する出来事を機に，ゆれる想いを抱き始め，関係性模索を行う。一体感や帰属することに迷いを抱くことは，日常的な経験が要因となり，この経験をもとにした関係性模索が新たな認知を形成し，組織と心理的な距離をとる行動に結びつく流れが確認された。組織との関係性の調整を個人が能動的に行うには，この新たな認知の形成が重要な意味を持ち，その後の行動パターンにも異なる影響を与えていることが明らかになった。

　この結果から，【研究課題1】「個人と組織の間には心理的距離が存在しているのか。存在していた場合，分類は可能なのか。」に対して，以下の答えを確認することができた。

　「対人関係を説明する概念として研究が進められてきた心理的距離は，個人と組織の間にも存在している。また，その心理的距離の種類は，1つではなく分類することができる。」

　次に，距離をとる行動が与える影響として，【研究課題2】「心理的距離に種類があり分類できた場合，それらが個人と組織の関係性にどのような影響を及ぼすのか。」については，

　「確認された調整プロセスは，認知レベルと行動レベルで整理でき，3つの行動レベルの心理的距離は，組織との関係性に異なる影響を与える可能性がある。」

ということが明らかになった。

認知レベルの心理的距離は，経験を通して認識するものであり，「個人が組織を近く感じる」，「個人が組織を遠く感じる」の2種類に分かれていた。この認知レベルで抱く心理的距離の，近い・遠いといった感覚は，自分でコントロールしているものではなく受動的な形で影響を受けていた。その特性から考えると，この組織を近い・遠いと知覚する経験は，対人関係における，近いか遠いかといった認知を表す心理的距離と同様の現象特性を持っていた。これは，自分自身が組織に対して抱く心理的な距離だけではなく，組織が自分をこのように認識しているのだと想像して距離を感じているという現象でもある。対人関係における心理的距離の分類を応用すると，認知された相手側の表出的距離により，相手が自分をどのように認知しているのかを推測している現象であると考えられる。その経験は，他者理解と同様に，受け手として推定された組織の表象的距離や認知された組織の表出距離によって，個人が想像し認識しているものであった。

　行動レベルの心理的距離は，3つに分けられ，それぞれ異なる関係性へと結びつく可能性が読み取れる結果となった。これらの距離をとる行動は，個人が関係性を模索した結果，意識的な行動として現れるもので，対人関係における心理的距離のとり方，近づくか離れるかという，意思や方向性を持つ行動にも近い意味を持っていると思われる。

　また，距離のとり方は，近づく・離れる・距離を置き保つ，と3種類に分岐することが確認された。以下に，3つの行動レベルの心理的距離について具体的な特徴を整理したうえで，個人と組織の関係性に与える影響を考察する。

8-1-1　行動レベル：個人が組織に近づく

　組織に合わせ，距離を近づける行動は，不安定な環境を直ぐに解消するため選択され，この行動から個人は安心感を得ていた。しかし，「あえて」

や「とにかく」という概念名の表現から読み取れるように，喜んで組織に同一化していないという特徴が見られた。(あえて組織に同化する)ための，「組織に溶け込み不安を払拭したい欲求を態度で示す」行動からは，能動的に考え動いているが，自分自身の存在を組織の一部として捉え同化することにより，自分自身の意思を打ち消している印象も受ける。

　田尾(1997)は，同調行動は他の何かに依存することであり，精神的に安心感をもたらすと説明している。そして，同調することは，自らの意思に反してやむを得ずのこともあると位置付けている。それに対して，組織コミットメントは積極的なかかわり方であり，同調とは違って行動に素直に表出されず，その人の内面世界に立ち入るものである(田尾, 1997)として，同調と組織コミットメントは，異なる意味を持つものとして区別している。このような議論から考えると，組織に近づく行動は，同調行動に近いものであり，組織コミットメントとは異なる現象であるともいえる。組織から意識のうえで離れ，＜心の逃げ場を作り出す＞ことを試みていた個人が，安心感を得るために，「あえて，わざと近づき」組織に同一化していく行動がこのような形で何故起きるのかについては，さらに検証が必要な課題である。また，この状態は，個人と組織の関係性において，どのような影響をもたらすものなのかについても探究が必要である。

8－1－2　行動レベル：個人が組織から離れる

　「組織から離れる行動」は，＜期待しないで諦める＞，＜割り切って振舞う＞，というカテゴリー名や，組織に働きかけず(仕事は受け身な姿勢で)，(やりたい仕事も我慢する)，社内行事の参加にも消極的で，(会社の目標，自分の目標)を結びつけることもないなどの「概念名」からも明らかなように，組織に対し意識的に離れていきたい，かかわりはできるだけ最小限に留めたいという個人の意思が読み取れる。

この行動は，組織の立場を理解している点，会社とはそういうものであると割り切っている点から考えてみると，ディスアイデンティフィケーションで描かれる乖離や反発とは異なるものではある。しかし，個人が組織から離れていくこと自体は，個人と組織双方にとって良好な関係性であるとは考えづらい。

個人が組織に対して心理的距離を抱き，距離をとる行動として離れる方向に向かうプロセスは，会社を俯瞰して見ること，自分にとってのやりがいを見つけ出す段階に至ることなく，離れる行動に結びついていた。先にも触れた通り，今回は，このプロセスが直接，離職に至るケースはなかったが，この行動を継続することが離職意思に結びつく可能性は十分考えられる。しかし，そのプロセスから推測すると，意図的に組織がこの2つの側面，俯瞰することとやりがい探しに注目し，個人に働きかけることによって，組織から離れていく行動を回避できる可能性も考えられる。

このような特徴を持つ「組織から離れる行動」の現象特性については，定量的な分析を用いてさらなる探究を行っていく。

8-1-3　行動レベル：個人が組織と距離を置き保つ

個人が組織と「距離を置き保つ行動」には，個人と組織両者にとって良好な関係構築に繋がる可能性が見られた。個人が，(無理せず自然体で)，(会社の色に染まらず)に，(嫌じゃない距離を保ち)，＜自分のスタイルを確立＞することは，その後の＜自分らしさを維持する活動＞へと結びついていた。

ここで確認された具体的な活動には，(アンテナを張って情報収集)や(社内外の繋がりを構築)することなどが挙げられていた。序章の働き方の潮流で見られた個人像の特徴である，能動的に考え行動し組織を対等なものとして捉え，会社組織の外にも人的ネットワークを構築している，と

いう2つの視点と共通する特徴を持っていることが明らかになった。組織の一員として働く日本の正社員の中にも，こういった行動を既に実践している個人が存在していることが，今回の分析結果から見えてきた。

この「距離を置き保つ行動」に至るプロセスでは，会社を俯瞰して見ることに加え，組織の中で自分自身にとってのやりがいを見つけることが必要であった。また，一体感や同一化から安心感を得ることができなくても，組織との関係性を俯瞰して見る視点を持ち，心理的距離を置きながら保つことで，新たな役割と貢献のチャンスを作り出す行動に結びつく可能性を示すことができた。今回の分析結果から，長期安定雇用ではネガティブな動きとして考えられがちな「距離をとる行動」が，新たな組織との関係性に結びつく可能性を提示できた。この行動の持つ具体的な影響については，次章以降でさらに分析を進めていく。

8-2　心理的距離の現象特性

個人が日々の業務や周囲とのかかわりの中，どのような経験によって，一体感や帰属することに迷いを抱いているのか，また，その経験からどのように関係性を調整しているのか，今回明らかになった質的調査の結果から，その答えの1つとしてプロセスを示すことができた。この個人が組織に対して抱く心理的距離の現象には，2つの特徴があった。

第一に，個人が組織に対して抱く認知レベルの心理的距離は，近い・遠い，どちらかに偏っているというものではなかった。組織の中で，近い・遠い，を同時並行で体験する可能性も含め，複雑に変化し，＜ゆれる想い＞を抱きながら関係性維持に努めているという特徴があった。この経験が，新たな認知の形成に結びつくことから，組織に対して抱く認知レベルの心理的距離は，個人と組織の関係性を考えるうえで大きな意味を持つと考えられる。

第二に，行動レベルの距離をとる行動に至ること自体がゴールではなく，新たな経験により心理的距離は変化をする。そういった意味で，このプロセスにゴールはなく，組織に所属する限り繰り返されるという特徴があった。そのため，個人が組織の中で距離をとる行動の3つのパターン，いずれかの行動に至った場合にも，改めて組織との関係性を調整していくことは可能である。この点に関しては，個人の経験を上書きするように自分自身が意識的に行動をすることに加え，組織側の介入で変化する可能性がある。

　質的調査の分析を通じて，キャリア中期の正社員を対象とした組織との関係性調整のプロセスを提示することができた。また，このプロセスから，個人と組織の間にも心理的距離は存在していることが明らかになった。さらに，その心理的距離は，認知レベルと行動レベルに分けることができ，行動レベルでは，心理的に「距離をとる行動」という現象が明らかになった。一体感や同一化とは異なる「距離をとる行動」の3つの行動パターンから，かかわり方の違いや影響について具体的に示すことができたことは，個人と組織の関係性を理解するうえで一助になると考える。

　企業や長期雇用を前提とした正規従業員にとって，組織から距離をとる行動は，ほとんど注目されてこなかった。しかし，今回の分析では，この距離をとる行動に焦点を当て，新しい側面を見出すことができた。特に，その中の1つである，個人が組織と「距離を置き保つ行動」には，個人と組織両者にとって長期的に良好な関係構築に繋がる可能性が見られた。長期安定雇用ではネガティブな動きとして考えられがちな距離をとる行動が，新たな組織との関係性に結びつく可能性を提示できた点にも意義があると考える。

　また，新たな経験により心理的距離は変化をする特徴から考えると，距離をとる行動パターンを変え，関係性を調整していくことは可能である。

そのためには，個人が自ら経験値を上書きする機会を見つけ行動することに加え，組織側が個人に働きかけ自分自身のやりがいや，会社を俯瞰して見る視点を得ることに結びつく機会を作る取り組みが有効であると思われる。

8-3 質的調査での限界

ここでは，質的調査を用いて行った分析の限界について3点を指摘しておく。

第一に，今回の分析焦点者は「キャリア中期の正社員」と設定した。本調査では，心理的距離という新しい現象特性について探索的に調査分析を行うことを目的にしたため，サンプルの対象を敢えて絞って実施した。そのため，若年層や高齢者など年齢による違いを含めた一般化という意味では，限界があると考えられる。また，正社員という対象も，特殊性を持っている可能性があると思われる。

第二に，スノーボール・サンプリングの限界として，転職未経験者の対象が少なく，代表性についての疑問が生じる。そのため，結果についての一般化について，慎重に検討する必要性があることは否めない。

第三に，本調査は，心理的距離について探索的に検討を試みた分析を実施したものである。そのため，見出された結果は，因果関係が検証された訳ではない。この点を踏まえて考える必要性がある。

8-4 次章へ向けた課題

最後に，前項で示した限界を踏まえたうえで，課題として次の3点を提示する。

第一に，心理的距離は行動レベルにおいて3タイプに分けられた。これらの距離をとる行動とは，果たしてどのような定義ができる現象なのか，

また個人と組織，それぞれに対してどのような影響を与えるのかについては，まだ推測段階であり，定量的な調査を含め，今後検証を進めていく必要がある。

第二に，個人から見た組織との関係性を描いたEOR研究の既存概念との弁別性についての検証が必要である。特に，理論的には別の概念であると考えられるが，組織アイデンティフィケーションや組織コミットメント等の概念と何らかの違いがあるのかも含め，確認が必要である。

第三に，組織との関係性という意味では，社会とかかわりを持つ誰もが抱く課題である。そのため，キャリア初期や後期といった年齢層による違いや，雇用形態などが異なる対象においての検討も必要である。また当初，転職経験も影響を与えていると想定してサンプリングをしていたが，組織との関係性の調整というプロセスの中では，まとまった概念として確認することはできなかった。この点については，本書で明らかになった仮説モデルを参考に，改めて離転職に焦点を置いた検証が必要である。これらの課題については，継続して調査分析を進めていきたい。

本章では，インタビューデータをもとに仮説発見型の手法であるM-GTAを使って分析した結果について探索的に検討を行ってきた。その結果，対人関係と同様に，個人と組織の間にも心理的距離は存在していることが確認された。また，個人から見た組織との間に抱く心理的距離には，認知レベルと行動レベルの2種類があり，分類できることが示された。さらに，行動レベルの距離をとる行動には，3つの種類があることが確認された。この3種類の距離をとる行動は，個人と組織の関係性に異なる影響を与えることが明らかになった。

質的研究法の限界を踏まえたうえで挙げられた課題については，次章以降の定量調査で検証を行っていく。

第3章

定量分析モデルと調査デザイン

本章では，第2章で行った質的調査の結果を踏まえ心理的距離の行動レベルに注目し，距離をとる行動の尺度を作成する。そのうえで，実施した量的調査の結果から，それぞれの距離をとる行動の持つ現象特性を明らかにする。また，質的調査によって明らかになった課題について定量分析を用いて検討していく。それに先立って本章では，定量分析モデルと調査デザインについての説明を行う。

本書の目的は，個人と組織の関係性について，組織の成員である個人の心理的な変容と行動に着目し，心理的距離がどのような作用を及ぼすのかについて探究することである。インタビュー調査を用いた定性分析の結果，心理的距離は，認知レベルと行動レベルの2種類に分かれることが明らかになった。第1章でレビューをした対人関係における心理的距離では，現時点での自分と相手との距離を静的・一時的側面で捉えた「心理的距離」と，欲求や意思，方向性を持ち，動的・継続的側面を捉えた「心理的距離のとり方」が混在している問題が指摘されていた（藤井, 2004）。本研究においても心理的距離は，認知と行動に分かれ，この2つは異なる特性を持つことが明らかになった。そのため，この点に留意し，本章では，個人が組織に対して抱く心理的距離の行動レベルに焦点を当て，さらに探究を進めていく。

1 分析モデル

本章以降では，質的調査法によって明らかになった心理的距離の行動レベルに注目し，心理的距離をとる行動について，その現象特性を明らかにするための探究を進める。さらに，定性調査で挙げられた次の3つの課題を検証するための分析を行う。

1つめは，心理的な距離をとる行動が個人と組織に与える影響を検討す

ることである。そのための分析枠組みを示したものが，図3.1である。まず【分析1】として，心理的な距離をとる行動の規定要因について因子分析を行い，心理的な距離をとる行動の現象特性を明らかにするための潜在因子について検討をする。

2つめは，作成した心理的な距離をとる行動のそれぞれの潜在因子を用いて，EORの既存概念である，組織アイデンティフィケーション，ディスアイデンティフィケーション，組織コミットメントとの弁別性について検討を試みる。具体的には，【分析1】で作成した因子を使用し，【分析2】で相関分析を行ったうえで，【分析3】の重回帰分析を用いて，距離をとる行動が与える影響と既存概念との違いについて検討する。心理的な距離をとる行動の現象特性とEORの既存概念との弁別性の検討にあたり，成果変数として，離職意図，満足度，自己効力感，キャリア成熟度，を使用する。

3つめは，心理的距離をとる行動は，何によって影響を受けているのか，

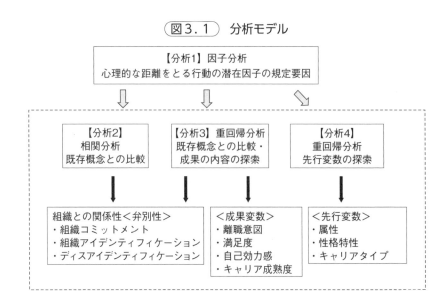

図3.1　分析モデル

規定する要因について探索する。先行変数として，年齢，転職経験など個人の属性，性格特性，キャリアタイプを用いて，距離をとる行動に与える影響について分析を行う。具体的には，【分析4】として重回帰分析を用いて，距離をとる行動に結びつく要因を検討する。この分析モデルに基づき，4つの分析から，心理的な距離をとる行動の現象特性について説明を試みる。

2 調査概要

本節では，質問票調査の概要について説明する。

今回，特定企業として，A社の協力を得て質問票調査を行った。日本企業に勤務する正社員が，組織との関係性をどのように維持，調整をしているのか，企業特性がコントロールされた環境下においての違いを明らかにするため，同一企業内に勤務する従業員をサンプルとして採用した。

A社は，関東地区にあるインターネット付随サービス業に分類される創業20年を迎える日本企業である。極端な日本型の人事制度ではなく，新卒・中途どちらの形でも正社員の雇用を行っていることに加え，社内で実施している人事アンケートと人事評価データの提供を受け，今回の調査データとのマッチングが可能であること，かつ筆者にとってのアクセスが可能であること等の条件から調査協力企業として採用に至った。調査デザインと調査手続き，及び調査対象は，以下の通りである。

2-1 調査手続き

A社での調査は，全従業員数411名（パート・アルバイト等含む）のうち，営業部門とエンジニア部門の337名を母集団とした。調査は，Googleのアンケートフォームを使用し，社内メールを通じて配信した。

調査期間は，2018年4月27日から6月30日とした。質問票はインターネット上で回答し，データ収集する仕組みを使用した。社内メールシステムを使用して，10日ごとにリマインダーメールを送信し入力依頼を行った。最終的に回収されたデータは165名（回答率は49.0％）であった。回収データとA社の人事データのマッチングを行い，最終的に確認できた正社員128名のデータを本書での分析に用いる形とした。

2-2　提供データ

調査にあたり，A社の人事データとして入社時に実施する（1）性格特性，（2）キャリアタイプなどの性格・価値観のテスト結果[1]，及び半年に一度実施される業績評価データの提供を受けた。マッチング作業後は，個人の特定ができない形に加工を行い，分析データとして使用した。

2-3　回答者の概要

回答者のプロフィールとして，「性別」，「年齢」，「採用区分」，「勤続年数」，「管理職区分」，「職種」を確認した。有効サンプルの回答者プロフィールの概要は，表3.1から表3.6の通りである。

表3.1　性別

性別	人数	割合
男性	87	68.0％
女性	41	32.0％
合計	128	100.0％

---

[1] A社から提供を受けた適性検査データは，エン・ジャパンが提供する3Eテストを用いたものである。本書では，その中の性格特性（平均を50として全国水準と比較した偏差値データ），及びキャリアタイプ指向（得点）の項目を使用する。

表3.2 年齢

年齢	人数	割合
24歳以下	13	10.2%
25〜29歳	40	31.3%
30〜34歳	43	33.6%
35〜39歳	22	17.2%
40歳以上	10	7.8%
合計	128	100.0%

表3.3 採用区分（転職経験）

採用区分（転職経験）	人数	割合
新卒（なし）	21	16.4%
中途（あり）	107	83.6%
合計	128	100.0%

表3.4 勤続年数

在籍年数	人数	割合
1年未満	16	12.5%
1年以上3年未満	48	37.5%
3年以上5年未満	40	31.3%
5年以上10年未満	20	15.6%
10年以上	4	3.1%
合計	128	100.0%

表3.5 管理職区分

管理職区分	人数	割合
YES	25	19.5%
NO	103	80.5%
合計	128	100.0%

表3.6　職種

職種	人数	割合
専門職	70	54.7%
営業職	58	45.3%
合計	128	100.0%

2-4　調査項目

　A社での調査項目は，組織行動論のEOR概念から，（1）組織コミットメント，（2）組織アイデンティフィケーション，（3）ディスアイデンティフィケーションを測定した。また，成果変数として使用するため，（4）離職意図，（5）満足度，（6）自己効力感，（7）キャリア成熟度についても調査を行った。今回，因子分析を用いて尺度の作成をする（8）心理的距離をとる行動も含め，調査項目として使用した既存概念の尺度の詳細は，以下の通りである。

2-4-1　組織コミットメント

　個人と組織の関係性に注目した，EORの代表的な概念の1つである組織コミットメントは，Allen & Meyer（1990）の測定尺度を使用した。因子負荷の高い順に4つ（情緒的コミットメントは同点のため5つ），計13項目をオリジナル版に従い7点リカートスケールを採用し測定した。質問項目は，表3.7の通りである。

　測定結果を最尤法・プロマックス回転により因子分析を行い，13項目から0.4以上の因子負荷量を持つ項目について手続きを繰り返した結果，規範的コミットメント因子は，他のコミットメントの項目を含む形となり，項目として独立した値を示さなかったため，混在した項目を含む，規範的コミットメント因子は全て今回の分析で使用しない形とした。以降の分析

表3.7 組織コミットメントの質問項目

No.	項目	質問項目
1	情緒的コミットメント	私は社外の人と，自分の会社の話をすることが楽しい
2	情緒的コミットメント	私は自分の会社の問題を，まるで自分の問題のように感じる
3	情緒的コミットメント	私はこの会社を，家族のように感じていない（R）
4	情緒的コミットメント	私はこの会社に，愛着を感じていない（R）
5	情緒的コミットメント	私はこの会社の一員であるという，強い帰属意識を持っていない（R）
6	継続的コミットメント	今この会社を辞めたら，私の生活の中で多くのことが混乱するだろう
7	継続的コミットメント	今この会社を辞めることは，私にとって大きな損失ではない（R）
8	継続的コミットメント	私はこの会社を辞めることを全く考えていない
9	継続的コミットメント	この会社にいるのは，他に良い働き場所がないからだ
10	規範的コミットメント	私は近年，働く人たちが転職し過ぎだと思う
11	規範的コミットメント	会社から会社へ渡り歩くことは，倫理に反することではない（R）
12	規範的コミットメント	もし条件のいい転職機会があっても，私は今の会社を去ることはないと思う
13	規範的コミットメント	キャリアを1つの企業で全うすることは，良いことである

注）(R) は逆転項目

では，情緒的コミットメント（$a=0.656$）と継続的コミットメント（$a=0.608$）の2因子を使用する。

2-4-2 組織アイデンティフィケーション

組織アイデンティフィケーションの測定には，Mael & Ashforth（1992）の尺度を採用した。項目の選定に関しては，高尾（2013b）を参考に，6

項目のうち4つを採用し、5点リカートスケールによって測定した。質問項目は、表3.8の通りである。以降の分析では、これらの平均値を用いている（a=0.735）。

2-4-3　ディスアイデンティフィケーション

個人が認知する組織との乖離や分離に注目したディスアイデンティフィケーションの概念は、Kreiner & Ashforth（2004）の6項目を採用し、5点リカートスケールによって測定した。質問項目は、表3.9の通りである。以降の分析では、これらの平均値を用いている（a=0.860）。

表3.8　組織アイデンティフィケーションの質問項目

No.	項目	質問項目
1	組織アイデンティフィケーション	誰かが私の会社を批判すると、自分自身の屈辱のように感じる
2		私は自分の会社について、他の人たちがどう思っているのかとても興味がある
3		この会社の成功は、私自身の成功だ
4		誰かがこの会社を褒めると、自分が褒められているように感じる

表3.9　ディスアイデンティフィケーションの質問項目

No.	項目	質問項目
1	ディスアイデンティフィケーション	私はこの会社の一員であることを、恥ずかしく思う
2		この会社はひどいことをしている
3		私は人に会うとき、働いている会社を秘密にすることを心がけている
4		私はこの会社の不名誉なことを見つけた
5		私はこの会社の行いに同意できていないことを、人々に知ってもらいたい
6		私はこの会社の中で行われていることを恥ずかしく思う

2-4-4　離職意図

　古典的EOR概念では，離職意図（WeiBo, Kaur & Jun, 2010）を用いて，個人の認知が組織との関係性に与える影響について論じられてきていた。距離をとる行動についても同様に離職意図との関係を測定することで，その現象特性が明らかになると考え項目に加えた。測定尺度は，服部（2011）の3項目を使用し，5点リカートスケールによって測定した。質問項目は，表3.10の通りである。以降の分析では，これらの平均値を用いている（a =0.801）。

2-4-5　満足度

　仕事満足度（鈴木, 2002；高木, 2003）との関係も，本研究分野において用いられている要素である。そのため，本書においても満足度の測定を行った。満足度は，労働政策研究・研修機構（2017）の調査を採用し，13項目（収入，人事評価，労働時間，休日，仕事の量，仕事の内容，仕事上の地位や権限，職場の人間関係，上司との関係，雇用の安定性，仕事に役立つ能力や知識を身につける機会，キャリアの見通し，総合的な満足度）を5点尺度により測定した。結果を最尤法・プロマックス回転により因子分析を行った。その結果，「仕事・キャリア」，「地位・収入」，「人間関係」の3項目に分かれることが確認された。以降の分析では，これらの平均値

表3.10　離職意図の質問項目

No.	項目	質問項目
1	離職意図	私はこの会社にずっと勤めていたい（R）
2		機会があれば他の会社に転職してみたい
3		今までに，一度はこの会社を辞めることを考えたことがある

注）（R）は逆転項目

を用いている（仕事・キャリア a =0.788，地位・収入 a =0.672，人間関係 a =0.805）。

2-4-6　自己効力感

自己効力感と目標は，業績との正の相関があり（Latham, 2009），苦労の多い状況でもストレスや落ち込みが少なく，逆境を跳ね返す力が強くなること（Bandura, 2001）が確認されている。これは，個人にとって組織との関係性を考え，行動することによって得られるポジティブな効果という点では重要な要素である。そのため，距離をとる行動の現象特性を探る要素として有効であると考え，本書においても，成果変数として用いる形とした。

自己効力感は，Gruman, Saks & Zweig（2006）の4項目を使用し，10点リカートスケールによって測定した。質問項目は，表3.11の通りである。以降の分析では，これらの平均値を用いている（ a =0.829）。

2-4-7　キャリア成熟度

キャリア成熟度は，キャリア発達課題へ取り組もうとする個人の態度

表3.11　自己効力感の質問項目

No.	項目	質問項目
1	自己効力感（タスク）	自分の仕事にまつわる日常的な様々な問題を上手く扱う自信がある
2	自己効力感（役割）	周りからの自分の役割に対する期待や要求に対してしっかりと応える自信がある
3	自己効力感（集団）	同僚や職場からとても受け入れられているという自信がある
4	自己効力感（組織）	組織の価値観や規範・ルール（明示的なもの，暗示的なもの両方）に沿って，役割を果たせる自信がある

的・認知的レディネス（Super, 1984）と定義され，キャリアの選択や決定，その後の適応への個人のレディネスや取り組み姿勢である（坂柳, 1991）。そのため，自己効力感と同様に，個人にとってポジティブな影響を与える要素として捉えることができると考えた。

キャリア成熟度（人生キャリア自律性）は，坂柳（1999）の3項目を5点リカートスケールによって測定した。質問項目は，**表3.12**の通りである。以降の分析では，これらの平均値を用いている（a =0.792）。

2-5　プレテスト

本調査に先立ち，調査項目の構成概念妥当性を確認するため，プレテストを次の手順で実施した。まず，実施前には経営学を専門とする大学教授によって，概念が適切に尺度化されているかの確認を行った。次に，企業に勤める正社員3名に質問紙を使った回答を依頼し協力を得て，質問の内容や表記の確認を行った。さらに，Googleのアンケートフォームを使用するにあたり，今回の調査協力企業A社の正社員4名に入力依頼をし，解釈や回答時間も含め確認を行い，最終調査用の項目を確定した。なお，この4名は本調査でのサンプルに含まれていない。

表3.12　キャリア成熟度の質問項目

No.	項目	質問項目
1	キャリア成熟度	自分から進んで，どんな人生を送っていくのか決めている
2		人生で難しい問題に直面しても，自分なりに積極的に解決していく
3		これからの人生を通して，さらに自分自身を伸ばして高めていきたい

3 小　括

　本章では，分析モデルを示したうえで，調査デザインの，量的調査方法，調査の概要，測定尺度の項目と概要について説明を行った。まず，本調査で実施する分析について概要を示した。そのうえで，調査の概要や手続きについて詳細の説明を行った。次に，調査項目の具体的な測定尺度について解説をした。第4章以降では，定性分析の結果を踏まえて作成した質問項目を用いて，心理的距離の距離をとる行動の尺度を作成し，既存概念との比較をもとに心理的距離をとる行動の現象特性についての分析結果を提示する。

第4章

距離をとる行動の探究

本章では，第3章で示した分析枠組みに基づき，まず，心理的距離をとる行動の現象特性を探るための尺度を作成する。次に，組織アイデンティフィケーションや組織コミットメントをはじめとしたEORの既存概念との弁別性の検証及び心理的距離をとる行動が個人と組織に与える影響を確認するため，作成した因子を使用して重回帰分析を行い，明らかになった定量分析の結果を用いて探究を行っていく。

1 心理的距離の行動レベル

　ここでは，心理的距離をとる行動の尺度作成について説明する。本書の目的は，個人と組織の関係性について，組織の成員である個人の心理的な変容と行動に着目し，心理的距離がどのような作用を及ぼすのかについて探究することである。心理的距離の現象特性を明らかにするため，本節では，まず，心理的距離をとる行動レベルの尺度作成を試みる。

　第2章で行った質的調査による分析結果から明らかになった心理的距離の行動レベルは，表4．1の通りである。作成する心理的距離をとる行動の尺度は，定性調査で得られた「個人が組織に近づく」を除く，「個人が組織から離れる」と「個人が組織と距離を置き保つ」の2項目に関する内容とした。今回の対象を，組織から距離をとる行動レベルの中の2つに絞った理由は，以下の通りである。

　EORの既存研究レビューの結果から明らかになった通り，同一化や一体感，帰属意識を持つなど，組織と近い関係性に注目したEOR研究は数多く存在していた。一方，離れる，距離を置くという視点や行動は，ほとんど注目されず，長期安定雇用の制度下では，暗黙知として組織と距離をとる行動をネガティブな動きと捉えていることが確認できた。今回の調査では，ここに焦点を当て現象特性を明らかにするため，あえて「近づく」

表4.1 心理的距離をとる行動

レベル	行動レベル
距離のパターン	個人が組織に近づく 個人が組織から離れる 個人が組織と距離を置き保つ

を除く,「離れる」,「距離を置き保つ」行動の2つに対象を絞り探究をしていく形をとった。

また,対人関係の心理的距離の研究では,認知的な側面と行動的な側面で分類できるという特徴を持っていたにもかかわらず,様々な要素が混在した形で実証研究が行われている問題があった。そのため個人と組織の関係性を説明する心理的距離の行動レベルに注目し,組織から離れる,距離を置き保つといった行動に絞って探究することで,他領域において顕在化している課題を回避することが可能になると考えた。

具体的な質問は,質的調査によって作成した「概念」の内容をもとに,質問を設定し,人脈・目標・キャリア・意思表示・スキルに関する15項目を準備した。各項目には,1つずつ逆順の質問項目(R)も含め回答の信頼性確認に使用した。質問項目の内容は,表4.2の通りである。設問は,1(全くあてはまらない)から5(大いにあてはまる)の5点リカートスケールにより測定した。

2 心理的距離の潜在因子

本節では,心理的距離をとる行動レベルの潜在因子を明らかにするため,作成した質問項目を用いて探索的因子分析を行う。

分析は,A社の正社員128名のデータを用いて実施し,心理的距離をとる行動の15項目について,最尤法・プロマックス回転による探索的因子分

表4.2　距離をとる行動の質問項目

距離をとる行動レベル	カテゴリー	質問
個人が組織から離れる行動	人脈	1．様々な人と交流するため，会社以外の仲間との付き合いを意識的に広げている
		2．仕事に直接関係ない社内イベントへの参加はあまりしないようにしている
		3．終業後や休日でも会社の人たちと交流する時間を取るようにしている（R）
	目標	4．企業理念をそのまま受け入れるのではなく，自分自身の視点・考えを持っている
		5．会社が設定した仕事上の目標と自分の人生の目標とを，別物として切り離して捉えている
		6．会社や組織の目標が自分自身の目標になることは当たり前である（R）
個人が組織と距離を置き保つ行動	キャリア	7．人事異動などキャリア上の変化に関しては会社側の意図を確認し，納得できない場合はその旨を伝えるようにしている
		8．今の会社で実現可能かにとらわれることなく，自分の将来の夢を上司や同僚に話している
		9．今の会社以外でキャリアを築くことは考えられない（R）
	意思表示	10．会社や組織で考えの相違があった時，自分の意見を発言する
		11．無批判に前例を踏襲したり周囲の空気を読み過ぎたりせず，自分がやるべきことを実践するようにしている
		12．上司やメンバーの意向を考え，場を乱さないように気を遣いながら行動している（R）
	スキル	13．この会社でしか通用しないスキル・知識だけでなく，様々なスキル・知識を自ら獲得するよう努力している
		14．他の会社でも通用するようなスキル・知識を習得することに，ある程度の時間を費やすようにしている
		15．よそではなくこの会社の仕事において求められるスキル・知識の習得に専念している（R）

注）（R）は逆転項目

析を行った。因子抽出後の共通性が著しく小さい独自性の強い変数，ならびに因子負荷が0.4を満たさなかった項目を除外し，再度分析を行う作業

を4回繰り返した。最終的に因子分析をした結果，15項目のうち6項目を除外した9項目4つの潜在因子が抽出される形となった。各因子の内容を因子負荷量が高い順に整理すると，表4.3の通りである。

表4.3　心理的距離をとる行動の因子分析結果

	1. 汎用スキルの形成	2. 対人関係のコントロール	3. 目標の分離	4. 意思の表示
他の会社でも通用するようなスキル・知識を習得することに，ある程度の時間を費やすようにしている	0.89	0.02	0.07	0.07
この会社でしか通用しないスキル・知識だけでなく，様々なスキル・知識を自ら獲得するよう努力している	0.78	0.00	−0.06	0.04
終業後や休日でも会社の人たちと交流する時間を取るようにしている(R)	0.21	0.71	−0.09	−0.09
仕事に直接関係ない社内イベントへの参加はあまりしないようにしている	−0.07	0.68	0.11	0.09
様々な人と交流するため，会社以外の仲間との付き合いを意識的に広げている	0.22	−0.48	−0.04	−0.03
会社や組織の目標が自分自身の目標になることは当たり前である（R）	0.08	−0.07	1.00	−0.04
会社が設定した仕事上の目標と自分の人生の目標とを，別物として切り離して捉えている	−0.13	0.21	0.41	0.05
会社や組織で考えの相違があった時，自分の意見を発言する	−0.01	−0.05	−0.02	0.98
人事異動などキャリア上の変化に関しては会社側の意図を確認し，納得できない場合はその旨を伝えるようにしている	0.14	0.07	0.01	0.44
固有値	1.66	1.60	1.28	1.51

因子抽出法：最尤法　回転法：Kaiserの正規化を伴うプロマックス法

モデルの適合度検定結果から算出した平均2乗誤差平方根（RMSEA）は0.0273となり，良好な適合度が確認された。第1因子は，「社内外で通用するスキル・知識取得」のため「時間を費やす」，「獲得のため努力する」といった行動に高い因子負荷量を示していた。したがって，「汎用スキルの形成」と命名した（α =0.819）。第2因子は，「終業後や休日でも会社の人たちと交流する（R）」，「仕事に関係ない社内イベントには参加しない」，「会社以外の仲間との付き合いを広げている」など，人的交流に関する行動に高い負荷量を示していた。そのため，「対人関係のコントロール」と命名した（α =0.641）。第3因子は，「会社や組織の目標が自分自身の目標になることは当たり前（R）」，「会社の目標と自分の目標は別物」など，会社の目標との関係性に関した内容であったため，「目標の分離」と命名した（α =0.562）。第4因子は，「考えの相違があった時自分の意見を発言する」，「キャリア上の変化に関しては会社側の意図を確認し，納得できない場合はその旨を伝える」など，組織の意向を認識したうえで自分の意思を表明する項目に高い因子負荷を示していた。そのため，「意思の表示」と命名した（α =0.587）。

　この4つの因子は，距離をとる行動レベルの「個人が組織から離れる」と，「個人が組織と距離を置き保つ」のそれぞれの質問項目からなる要素で構成され，2つに分かれる結果となった。具体的には，「汎用スキルの形成」因子と「意思の表示」因子は，「組織と距離を置き保つ」行動の質問項目から構成される内容であり，「対人関係のコントロール」因子と「目標の分離」因子は，「組織から離れる」行動からなる内容であった。

　因子相関行列は，表4.4の通りである。4種類の因子の絶対値の大きさは，いずれも0.35以下の弱い相関であった。インタビュー調査の分析結果と同様に，因子分析データの結果も，「組織から離れる」行動と，「組織と距離を置き保つ」行動に分かれ，この2つのグループは，プラスとマイ

表4.4　因子相関行列

	M	SD	1. 汎用スキルの形成	2. 対人関係のコントロール	3. 目標の分離	4. 意思の表示
1．汎用スキルの形成	3.75	0.84	1			
2．対人関係のコントロール	2.85	0.93	−.214*	1		
3．目標の分離	3.73	0.90	−.099	.140	1	
4．意思の表示	3.36	0.80	.187*	−.321**	−.195*	1

注) N = 128　**$p<.01$,　*$p<.05$
　　Mは平均値，SDは標準偏差を表す

ナスの対比関係にある相関を持つことが確認された。

　今回の分析結果から得られた4種類，それぞれの因子の変数は2つから3つであるため，信頼性係数が低めの因子も見られた。これは，項目数や項目間の相関が大きければα係数が大きくなる傾向があることが，理由の1つであると考えられる。一方で，α係数が高いことだけが尺度の良し悪しを決める訳ではないことに加え，因子相関の値が定性分析の結果と共通していることに鑑み，作成した尺度を用いることとした。本書では，この4つの因子を使用して，さらに探究を進めていく。

3 ｜ 距離をとる行動の特性

　第1章でレビューを行った古典的EOR概念では，離職意図や仕事満足度などとの関連が検証され，個人の認知が組織との関係性に与える影響について論じられていた。いずれも，本研究分野において伝統的に用いられている因子である。そのため，本章においても同様に，離職意図と満足度を用いて分析を進めていく形をとる。さらに，心理的な距離をとる行動が個人に与えるポジティブな効果を確認するため，自己効力感とキャリア成熟度について検証を行う。そのうえで，作成した心理的な距離をとる行

動の4因子が，個人と組織の関係性に与える影響について確認を行い，現象特性を明らかにする。また，同時に心理的な距離をとる行動の4因子とEORの既存概念との弁別性についても検討をしていく。

3-1　心理的距離をとる行動に関する仮説

因子分析によって明らかになった心理的な距離をとる行動の4因子について，定量データに基づき探究していくにあたり，これまでの議論や質的調査分析によって導き出された論点を整理し，仮説を設定する。

第一に，質的調査分析の結果から心理的距離をとる行動は，「組織と距離を置き保つ」行動と，「組織から離れる」行動で，それぞれ異なる影響を持つ可能性が示唆されていた。「組織から離れる」行動は，個人と組織の関係性として考えると良好とはいえない影響が見られた。具体例として確認することはできなかったが，離職意図に結びつく可能性もあった。一方，「組織と距離を置き保つ」行動は，離職意図とは直接的な関係はないと考えられる特徴を持ち，逆に組織に対し自ら積極的にかかわりを持つ個人の姿が見られた。このような議論から導き出された考察を踏まえ，以下の仮説を提示する。

仮説4.1　「組織から離れる」行動の，2つの因子「対人関係のコントロール」と「目標の分離」は，離職意図にポジティブな効果を持つ。

仮説4.2　「組織と距離を置き保つ」行動の，2つの因子「汎用スキルの形成」因子と「意思の表示」因子は，離職意図にネガティブな効果を持つ。

第二に，組織と距離をとる行動は，長期安定雇用では一般的にネガティ

ブな動きとして考えられがちな現象であった。しかし，今回の質的調査では，「組織と距離を置き保つ」行動から，組織の内外で能動的に考え行動する個人の姿が明らかになり，個人と組織との関係性においてポジティブな影響が推察された。このような議論から導き出された考察を踏まえ，以下の仮説を提示する。

仮説4．3 「組織と距離を置き保つ」行動の，2つの因子「汎用スキルの形成」因子と「意思の表示」因子は，満足度にポジティブな効果を持つ。

仮説4．4 「組織と距離を置き保つ」行動の，2つの因子「汎用スキルの形成」因子と「意思の表示」因子は，自己効力感にポジティブな効果を持つ。

仮説4．5 「組織と距離を置き保つ」行動の，2つの因子「汎用スキルの形成」因子と「意思の表示」因子は，キャリア成熟度にポジティブな効果を持つ。

以上のような仮説を設定したうえで，心理的な距離をとる行動の現象特性と，EOR概念である組織アイデンティフィケーションとディスアイデンティフィケーション，組織コミットメントを用いて既存概念との違いについて探究を進めていく。

3-2　既存概念との相関

今回の分析に用いる距離をとる行動の4因子と古典的EOR概念である組織アイデンティフィケーション，ディスアイデンティフィケーション，組織コミットメントの情緒的コミットメント，継続的コミットメントの平均値，標準偏差，相関係数を表4．5の記述統計に記載する。

第4章 距離をとる行動の探究 123

表4.5 投入変数の記述統計

		M	SD	1	2	3	4	5	6	7	8	9	10	11	12	13	14
1	男性ダミー (0=女性 1=男性)	0.68	0.47	1													
2	年齢	30.94	5.26	0.401**	1												
3	在籍年数	3.36	2.48	0.172	0.365**	1											
4	転職ダミー (0=新卒 1=中途)	0.84	0.37	0.103	0.563**	0.242**	1										
5	管理職ダミー (0=No 1=Yes)	0.20	0.40	0.169	0.228**	0.639**	0.218*	1									
6	営業ダミー (0=専門職 1=営業職)	0.45	0.50	−0.014	−0.199*	0.056	−0.105	−0.013	1								
7	組織アイデンティフィケーション	3.23	0.87	−0.030	−0.068	0.157	−0.083	0.188*	0.030	1							
8	ディスアイデンティフィケーション	1.78	0.79	0.108	0.041	0.170	0.057	0.065	0.200*	−0.110	1						
9	情緒的コミットメント	4.23	1.26	−0.015	0.005	0.248**	−0.069	0.285**	−0.043	0.627**	−0.245**	1					
10	継続的コミットメント	3.67	1.33	0.088	0.146	−0.013	0.095	−0.129	−0.130	0.170	0.066	0.165	1				
11	PD. 意思の表示	3.36	0.80	0.127	0.179*	0.256**	0.210*	0.187*	−0.120	0.269**	0.011	0.169	−0.070	1			
12	PD. 汎用スキルの形成	3.75	0.84	0.184*	0.208**	−0.023	0.082	−0.029	−0.168	−0.030	−0.129	0.042	−0.070	0.187*	1		
13	PD. 対人関係のコントロール	2.85	0.93	−0.108	−0.020	−0.096	0.079	−0.189*	0.010	−0.303**	−0.063	−0.304**	0.049	−0.321**	−0.214*	1	
14	PD. 目標の分離	3.73	0.90	0.083	−0.047	−0.141	−0.027	−0.203*	0.124	−0.338**	0.115	−0.330**	−0.072	−0.195*	−0.099	0.140	1

注) N=128　**p＜.01，*p＜.05
Mは平均値，SDは標準偏差を表す

距離をとる行動の4因子と既存概念である組織アイデンティフィケーション，ディスアイデンティフィケーション，及び組織コミットメントの情緒的コミットメント，継続的コミットメントを独立変数とした相関係数は，いずれも0.35以下の弱い相関であった。「距離を置き保つ」行動の「意思の表示」は，組織アイデンティフィケーション（r=.269）に1％水準でポジティブな効果がある。「組織から離れる」行動の「対人関係のコントロール」は，組織アイデンティフィケーション（r=－.303）と情緒的コミットメント（r=－.304）に1％水準でネガティブな効果，同様に「組織から離れる」行動の「目標の分離」は，組織アイデンティフィケーション（r=－.338）と情緒的コミットメント（r=－.330）に1％水準でネガティブな効果が確認された。

　古典的EOR概念の中で唯一，組織から離れる関係性を描いたディスアイデンティフィケーションと心理的な距離をとる行動の4因子には相関が見られなかった。このことから，乖離や反発することと，組織から距離をとる行動は，同一概念ではなく，直接的な関係はない現象特性であることが明らかになった。この点については，この先も分析を進めながら検証を行っていく。

3-3　心理的な距離をとる行動の影響

　さらに，心理的な距離をとる行動と，古典的EOR概念である組織アイデンティフィケーション，ディスアイデンティフィケーション，組織コミットメントの情緒的コミットメント，継続的コミットメントを用いた比較を行っていく。階層的重回帰分析では，個人属性の性別，年齢，在籍年数，転職経験，管理職区分，職種を統制した。年齢と在籍年数以外は，ダミー変数を使用している。

　そのうえで，組織アイデンティフィケーションとディスアイデンティ

フィケーション（パターン1），組織コミットメントの情緒的コミットメント，継続的コミットメント（パターン2），及び心理的距離をとる行動の4項目を独立変数として順に回帰式へ投入した。許容度は0.5以上であり，Variance Inflation Factor（VIF）の値は，いずれも1.1〜2.0であり，多重共線性の影響は無かった。ここでは，従属変数として離職意図，及び満足度（仕事・キャリア，地位・収入，人間関係）を使用し比較をした結果を示す。

3-3-1 離職意図

独立変数として古典的EOR概念である，組織アイデンティフィケーション，ディスアイデンティフィケーション（パターン1），被説明変数として離職意図を用いた重回帰分析の推定結果は，表4.6に示す通りである。Step 1 からStep 3 まで，いずれのモデルも1％水準で説明力を持つことが確認された。自由度調整済み決定係数（R^2）は，Step 3 が19.5％と3つの中で一番高い値を示し説明力を持っていた。

Step 2 では，組織アイデンティフィケーションが負の効果（$\beta=-.178$），ディスアイデンティフィケーションが正の効果（$\beta=.197$）を持ち，どちらも5％水準で有意な影響を与えていた。

Step 3 で，心理的距離をとる行動の4因子を投入すると，組織アイデンティフィケーションの有意な水準での効果が消える。一方，心理的距離をとる行動の1つ，「目標の分離」が正の効果（$\beta=.267$）を持ち1％水準で有意となった。この結果から，「目標の分離」は，ディスアイデンティフィケーションの5％水準で有意な正の効果（$\beta=.197$）より離職意図に大きな影響を与えていることが明らかになった。

次に，独立変数として組織コミットメントの情緒的コミットメントと継続的コミットメントを用いたパターン2の分析を行った。従属変数として

表 4.6　離職意図との重回帰分析結果（パターン1）

	Step1 B	Step1 β	Step1 t値	Step2 B	Step2 β	Step2 t値	Step3 B	Step3 β	Step3 t値
統制変数									
男性ダミー	−0.274	−0.126	−1.337	−0.333	−0.154	−1.676	−0.420	−0.193	−2.117
年齢	−0.001	−0.007	−0.060	−0.002	−0.010	−0.084	0.001	0.003	0.027
在籍年数	0.086	0.210	1.801	0.079	0.192	1.675	0.075	0.182	1.607
転職ダミー	−0.613	−0.224	−2.139*	−0.697	−0.255	−2.512*	−0.762	−0.279	−2.744**
管理職ダミー	−0.527	−0.206	−1.848	−0.415	−0.162	−1.495	−0.258	−0.101	−0.932
営業ダミー	0.275	0.135	1.540	0.201	0.099	1.146	0.162	0.080	0.934
組織アイデンティフィケーション				−0.209	−0.178	−2.093*	−0.096	−0.082	−0.889
ディスアイデンティフィケーション				0.254	0.197	2.291*	0.255	0.197	2.318*
PD. 汎用スキルの形成							0.085	0.070	0.803
PD. 意思の表示							0.059	0.047	0.505
PD. 対人関係のコントロール							0.102	0.093	1.018
PD. 目標の分離							0.300	0.267	3.027**
調整済みR²	0.089			0.153			0.195		
F値	3.069**			3.868**			3.570**		
N	128			128			128		

注）**$p<.01$，*$p<.05$
　　Bは非標準化係数，βは標準化係数を表す

離職意図を用いた重回帰分析の推定結果は，表4.7に示す通りである。Step 1 からStep 3 まで，いずれのモデルも1％水準で説明力を持つことが確認された。重決定係数は，Step 3 が28.3％と3つの中で一番高い説明力を持っていた。

Step 2 では，情緒的コミットメント（$\beta = -.257$）と継続的コミットメント（$\beta = -.299$）がどちらも負の効果を持ち1％水準で有意な影響を与えていた。この結果は多くの既存研究で示されているように，組織コミットメントが，従業員の離職意図を低減させるために有効であるという結果と一致するものである。

Step 3 で，心理的距離をとる行動の4因子を投入しても，情緒的コミットメントは5％水準で（$\beta = -.184$），継続的コミットメント（$\beta = -.293$）は，1％水準で，どちらも離職意図を低減させる負の効果を持っていた。一方，心理的距離をとる行動の1つ，「目標の分離」が1％水準の有意で正の効果（$\beta = .225$）を持ち，離職意図を高める影響を持っていることが明らかになった。

分析の結果から，古典的EOR概念と比較をしたパターン1，パターン2，いずれの場合も心理的距離の4因子を用いたStep 3 が，離職意図に対する説明力を持っていることが示された。しかし，4つの因子全てが影響を与えているという形ではなく，距離をとる行動の「目標の分離」から離職意図へのβ値が有意な正の影響を与えているのみであり，他の3項目についての有意差は確認されなかった。

この結果，仮説4.1（「組織から離れる」行動の，2つの因子「対人関係のコントロール」と「目標の分離」は，離職意図にポジティブな効果を持つ）は，「目標の分離」にはあてははまるが，「対人関係のコントロール」の影響は確認されなかったため，一部棄却される形となった。また，仮説4.2（「組織と距離を置き保つ」行動の，2つの因子「汎用スキルの

表4.7 離職意図との重回帰分析結果（パターン2）

	Step1 B	Step1 β	Step1 t値	Step2 B	Step2 β	Step2 t値	Step3 B	Step3 β	Step3 t値
統制変数									
男性ダミー	−0.274	−0.126	−1.337	−0.265	−0.122	−1.421	−0.318	−0.146	−1.692
年齢	−0.001	−0.007	−0.060	0.003	0.017	0.159	0.005	0.027	0.248
在籍年数	0.086	0.210	1.801	0.112	0.274	2.581*	0.111	0.271	2.543*
転職ダミー	−0.613	−0.224	−2.139*	−0.675	−0.247	−2.580*	−0.689	−0.252	−2.613**
管理職ダミー	−0.527	−0.206	−1.848	−0.547	−0.214	−2.040*	−0.450	−0.176	−1.666
営業ダミー	0.275	0.135	1.540	0.171	0.084	1.055	0.127	0.063	0.780
情緒的コミットメント				−0.207	−0.257	−3.078**	−0.148	−0.184	−2.088*
継続的コミットメント				−0.228	−0.299	−3.682**	−0.224	−0.293	−3.583**
PD. 汎用スキルの形成							0.011	0.009	0.112
PD. 意思の表示							−0.004	−0.003	−0.040
PD. 対人関係のコントロール							0.042	0.038	0.449
PD. 目標の分離							0.252	0.225	2.722**
調整済みR²	0.089			0.259			0.283		
F値	3.069**			6.561**			5.181**		
N	128			128			128		

注）**p＜.01，*p＜.05
Bは非標準化係数，βは標準化係数を表す

形成」因子と「意思の表示」因子は，離職意図にネガティブな効果を持つ）は，いずれの場合も影響が確認されないという結果から棄却された。

　定性調査では，経験から心理的距離を抱き，距離をとる行動に至ることが，その後の離職に結びつくか否かについての検証が，課題の1つとなっていた。今回の結果から，心理的に距離をとる行動の全てが離職意図の直接的な要因になるとは，断定できないことが明らかになった。これは，第2章で確認をした質的調査の分析で，離職に直接結びつく内容が見出せなかったという結果と共通するものであり，長期安定雇用ではマイナス要素として捉えられがちな組織と心理的な距離をとる行動の全てが，直接，離職意図に結びつく要因にはならないことが確認された。

　しかし，「組織から離れる」行動の1つである「目標の分離」については，ディスアイデンティフィケーションよりも離職意図を高めるポジティブな効果があり，高い説明力を持っている因子であることが明らかになった。この結果から，「目標の分離」行動は，個人と組織の関係性に与える影響として，離職意図を高めるという意味においてマイナスの要素を持っている可能性が確認された。EORの既存概念との比較という観点から結果を見ると，「目標の分離」は，ディスアイデンティフィケーションに似た影響がある可能性が見られた。

3-3-2　満足度（仕事・キャリア）

　次に，満足度との関係について確認を行った。独立変数として組織アイデンティフィケーション，ディスアイデンティフィケーション（パターン1），従属変数として満足度（仕事・キャリア）を用いた重回帰分析の推定結果は，表4.8に示す通りである。Step1からStep3まで，いずれのモデルも1％水準で説明力を持つことが確認された。重決定係数は，Step3が41.0％と3つの中で一番高い説明力を持っていた。

表4.8 満足度（仕事・キャリア）との重回帰分析結果（パターン1）

	Step1			Step2			Step3		
	B	β	t値	B	β	t値	B	β	t値
統制変数									
男性ダミー	0.045	0.023	0.253	0.135	0.069	0.855	0.133	0.068	0.870
年齢	−0.017	−0.097	−0.831	−0.016	−0.094	−0.924	−0.023	−0.133	−1.362
在籍年数	−0.127	−0.343	−3.025**	−0.114	−0.309	−3.064**	−0.115	−0.313	−3.221**
転職ダミー	0.583	0.237	2.329*	0.706	0.288	3.219**	0.709	0.289	3.324**
管理職ダミー	0.847	0.370	3.403**	0.683	0.298	3.110**	0.604	0.264	2.838**
営業ダミー	−0.314	−0.172	−2.013*	−0.199	−0.109	−1.437	−0.109	−0.060	−0.819
組織アイデンティフィケーション				0.297	0.282	3.764**	0.192	0.182	2.309*
ディスアイデンティフィケーション				−0.393	−0.338	−4.472**	−0.365	−0.314	−4.308**
PD. 汎用スキルの形成							0.146	0.135	1.806
PD. 意思の表示							0.062	0.054	0.688
PD. 対人関係のコントロール							−0.051	−0.052	−0.666
PD. 目標の分離							−0.237	−0.235	−3.111**
調整済みR²	0.138			0.342			0.410		
F値	4.394**			9.252**			8.360**		
N	128			128			128		

注）**p＜.01，*p＜.05
Bは非標準化係数，βは標準化係数を表す

Step 2 では，組織アイデンティフィケーションが正の効果（$\beta=.282$），ディスアイデンティフィケーションが負の効果（$\beta=-.338$）を持ち，どちらも1％水準で有意な影響を与えていた。

Step 3 で，心理的距離をとる行動の4因子を投入しても，組織アイデンティフィケーション（5％水準）とディスアイデンティフィケーション（1％水準）の有意な効果は，まだ消えることなく見られた。心理的距離をとる行動の1つである「目標の分離」は，負の効果（$\beta=-.235$）を持ち1％水準で有意なマイナスの影響を与えていることが明らかになった。

パターン2の独立変数として組織コミットメントの情緒的コミットメントと継続的コミットメント，従属変数として満足度（仕事・キャリア）を用いたモデルの重回帰分析の推定結果は，表4.9に示す通りとなった。Step 1 からStep 3 まで，いずれのモデルも1％水準で説明力を持つことが確認された。重決定係数は，Step 3 が39.4％と3つの中で一番高い説明力を持っていた。

Step 2 では，情緒的コミットメント（$\beta=.444$）が1％水準でプラスの有意な影響を与えていた。Step 3 で，心理的距離をとる行動の4因子を投入しても，情緒的コミットメント（$\beta=.355$）は，1％水準で有意な正の効果を持っていた。心理的距離をとる行動の「汎用スキルの形成」は，正の効果（$\beta=.172$）を持ち5％水準で有意な影響を与えていた。一方，「目標の分離」は負の効果（$\beta=-.218$）を持ち1％水準で有意なマイナスの影響を与えていた。組織コミットメントをコントロール変数として投入すると，Step 2 が32.1％に対し，Step 3 では39.4％と説明力が上昇していた。「目標の分離」から満足度（仕事・キャリア）へのβ値は，マイナス傾向で1％の有意となり，個人が組織との「目標の分離」を意識的に行うことは，仕事やキャリアの満足度に，マイナスの影響をもたらすことが明らかになった。一方，「汎用スキルの形成」に取り組んでいる個人は，仕事や

表4.9 満足度（仕事・キャリア）との重回帰分析結果（パターン2）

	Step1 B	Step1 β	Step1 t値	Step2 B	Step2 β	Step2 t値	Step3 B	Step3 β	Step3 t値
統制変数									
男性ダミー	0.045	0.023	0.253	0.095	0.049	0.594	0.080	0.041	0.516
年齢	−0.017	−0.097	−0.831	−0.017	−0.099	−0.956	−0.024	−0.136	−1.369
在籍年数	−0.127	−0.343	−3.025**	−0.153	−0.415	−4.087**	−0.156	−0.423	−4.321**
転職ダミー	0.583	0.237	2.329*	0.745	0.304	3.316**	0.694	0.283	3.190**
管理職ダミー	0.847	0.370	3.403**	0.634	0.277	2.752**	0.628	0.274	2.822**
営業ダミー	−0.314	−0.172	−2.013*	−0.250	−0.137	−1.796	−0.144	−0.079	−1.071
情緒的コミットメント				0.321	0.444	5.551**	0.257	0.355	4.375**
継続的コミットメント				0.031	0.046	0.587	0.053	0.077	1.028
PD．汎用スキルの形成							0.185	0.172	2.273*
PD．意思の表示							0.108	0.095	1.204
PD．対人関係のコントロール							0.024	0.024	0.307
PD．目標の分離							−0.220	−0.218	−2.874**
調整済みR²	0.138			0.321			0.394		
F値	4.394**			8.491**			7.880**		
N	128			128			128		

注）**p＜.01，*p＜.05
Bは非標準化係数，βは標準化係数を表す

キャリアに対する満足度が高くなる傾向があることが確認された。

　古典的EOR概念をコントロール変数として分析すると，モデル1とモデル2，どちらのケースも，Step3の回帰式の決定係数の値が増加していることから，心理的距離をとる行動は，古典的EOR概念よりも，満足度（仕事・キャリア）に与える影響が大きい要素と考えられる。特に，「目標の分離」については，離職意図を高め，仕事やキャリアの満足度を低減させるという結果が示されたことは，注目すべき点である。

　一方，「汎用スキルの形成」は，プラス傾向で有意な値を示していた。心理的距離をとる行動の4因子は，相関分析の結果でも2つに分かれ正と負の値を示していた。このような傾向から推察すると因子ごとに与える影響が異なることが，今回の分析結果から明らかになった。

3-3-3　満足度（地位・収入）

　独立変数として組織アイデンティフィケーション，ディスアイデンティフィケーション（パターン1），従属変数として満足度（地位・収入）を用いた重回帰分析の推定結果は，表4.10に示す通りである。Step1からStep3まで，いずれのモデルも1％水準で説明力を持つことが確認された。重決定係数は，Step3が17.5％と3つの中で一番高い説明力を持っていた。

　Step2では，組織アイデンティフィケーションが正の効果（$\beta=.215$），ディスアイデンティフィケーションが負の効果（$\beta=-.173$）を持ち，どちらも5％水準で有意な影響を与えていた。

　Step3で，心理的距離をとる行動の4因子を投入後も，組織アイデンティフィケーションは，1％水準で有意な影響を示していたが，ディスアイデンティフィケーションは有意な水準での効果は無くなった。心理的距離をとる行動の中では，「対人関係のコントロール」が，正の効果（β

表4.10 満足度（地位・収入）との重回帰分析結果（パターン1）

	Step1 B	Step1 β	Step1 t値	Step2 B	Step2 β	Step2 t値	Step3 B	Step3 β	Step3 t値
統制変数									
男性ダミー	−0.447	−0.253	−2.669**	−0.401	−0.227	−2.480*	−0.366	−0.207	−2.237*
年齢	0.020	0.128	1.069	0.021	0.135	1.167	0.020	0.125	1.081
在籍年数	−0.054	−0.160	−1.372	−0.050	−0.150	−1.318	−0.054	−0.161	−1.402
転職ダミー	0.213	0.096	0.911	0.286	0.128	1.268	0.249	0.112	1.087
管理職ダミー	0.437	0.210	1.879	0.337	0.162	1.495	0.386	0.185	1.689*
営業ダミー	−0.249	−0.150	−1.706	−0.195	−0.118	−1.372	−0.177	−0.107	−1.239
組織アイデンティフィケーション				0.205	0.215	2.526*	0.235	0.246	2.634**
ディスアイデンティフィケーション				−0.182	−0.173	−2.016*	−0.144	−0.137	−1.588
PD. 汎用スキルの形成							0.076	0.077	0.873
PD. 意思の表示							−0.026	−0.025	−0.268
PD. 対人関係のコントロール							0.176	0.197	2.130*
PD. 目標の分離							−0.099	−0.108	−1.213
調整済みR²	0.086			0.156			0.175		
F値	2.998**			3.942**			3.252**		
N	128			128			128		

注）**p＜.01，*p＜.05
Bは非標準化係数，βは標準化係数を表す

=.197) を持ち5％水準で有意な影響を与えていた。

パターン2では，組織コミットメントの情緒的コミットメントと継続的コミットメントを用いて分析を行った。従属変数として満足度（地位・収入）の重回帰分析の推定結果は，表4.11に示す通りである。Step 1 から Step 3 まで，いずれのモデルも1％水準で説明力を持つことが確認された。重決定係数は，Step 3 が19.1％と3つの中で一番高い説明力を持っていた。

Step 2では，情緒的コミットメント（β=.197）と継続的コミットメント（β=.199）がどちらも正の効果を持ち5％水準で有意な影響を与えていた。

Step 3で，心理的距離をとる行動の4因子を投入しても，情緒的コミットメント（β=.209）と継続的コミットメント（β=.199）は，どちらも5％水準で正の効果を持っていた。心理的距離をとる行動の1つ，「対人関係のコントロール」は，5％水準で有意な正の効果（β=.213）を持ち，満足度（地位・収入）に影響を与えていることが明らかになった。

仕事とプライベートを区別して，無理に社内の人たちと付き合わず，自分の意思で交流関係を築くことなど，意識的に対人関係を調整することが，個人の（地位・収入）に対する満足度に影響していることが，今回の分析結果から明らかになった。Step 3のモデルでは，管理職ダミーが5％水準で有意な正の効果を示していたが，社内で一定以上の立場にある管理職の方が，（地位・収入）に満足していることは想像できる。一方で，なぜ「対人関係のコントロール」因子が，地位や収入の満足度に影響を与えるのか，今回の分析だけで推察することは難しい結果となった。

3-3-4　満足度（人間関係）

独立変数として組織アイデンティフィケーション，ディスアイデンティ

表4.11 満足度（地位・収入）との重回帰分析結果（パターン2）

	Step1 B	Step1 β	Step1 t値	Step2 B	Step2 β	Step2 t値	Step3 B	Step3 β	Step3 t値
統制変数									
男性ダミー	−0.447	−0.253	−2.669**	−0.450	−0.254	−2.791**	−0.421	−0.238	−2.590**
年齢	0.020	0.128	1.069	0.018	0.112	0.976	0.015	0.098	0.857
在籍年数	−0.054	−0.160	−1.372	−0.069	−0.206	−1.832	−0.075	−0.223	−1.967
転職ダミー	0.213	0.096	0.911	0.255	0.115	1.128	0.192	0.086	0.843
管理職ダミー	0.437	0.210	1.879	0.436	0.209	1.877	0.491	0.236	2.102*
営業ダミー	−0.249	−0.150	−1.706	−0.189	−0.114	−1.350	−0.140	−0.084	−0.993
情緒的コミットメント				0.129	0.197	2.213*	0.137	0.209	2.231*
継続的コミットメント				0.123	0.199	2.302*	0.123	0.199	2.284*
PD.汎用スキルの形成							0.099	0.101	1.153
PD.意思の表示							0.043	0.041	0.453
PD.対人関係のコントロール							0.190	0.213	2.338*
PD.目標の分離							−0.102	−0.112	−1.273
調整済みR^2	0.086			0.164			0.191		
F値	2.998**			4.114**			3.494**		
N	128			128			128		

注）**p＜.01，*p＜.05
Bは非標準化係数，βは標準化係数を表す

フィケーション，従属変数に満足度（人間関係）を用いた重回帰分析の推定結果は，表4.12に示す通りである。Step 2 とStep 3のモデルは，1％水準で説明力を持つことが確認され，重決定係数は，Step 3が16.5％と一番高い説明力を持っていた。

Step 2では，組織アイデンティフィケーションが正の効果（$\beta=.220$），ディスアイデンティフィケーションが負の効果（$\beta=-.215$）を持ち，どちらも5％水準で有意な影響を与えていた。

Step 3で，心理的距離をとる行動の4因子を投入後も，ディスアイデンティフィケーションは，1％水準で有意な負の効果（$\beta=-.255$）を示していたが，組織アイデンティフィケーションは有意な水準での効果は無くなった。心理的距離をとる行動の中では，「対人関係のコントロール」が，負の効果（$\beta=-.220$）を持ち5％水準で有意な影響を与えていた。

パターン2では，組織コミットメントの情緒的コミットメントと継続的コミットメントを用いて分析を行った。従属変数として満足度（人間関係）の重回帰分析の推定結果は，表4.13に示す通りである。Step 2とStep 3は，1％水準で説明力を持つことが確認された。重決定係数は，Step 3が13.9％と3つの中で一番高い説明力を持っていた。

Step 2では，情緒的コミットメント（$\beta=.282$）と正の効果を持ち1％水準で有意な影響を与えていた。

Step 3で，心理的距離をとる行動の4因子を投入しても，Step 2で有意な差が確認された情緒的コミットメント（$\beta=.234$）は，5％水準で有意なプラスの影響を与えていた。

満足度（人間関係）を従属変数にしたパターン1・2のStep 3モデルでは，ディスアイデンティフィケーションは負の効果，情緒的コミットメントが正の効果を示していた。心理的な距離をとる行動の4因子では，「対人関係のコントロール」が，マイナス傾向で有意になり，組織の中で個人

表 4.12 満足度（人間関係）との重回帰分析結果（パターン1）

	Step1 B	Step1 β	Step1 t値	Step2 B	Step2 β	Step2 t値	Step3 B	Step3 β	Step3 t値
統制変数									
男性ダミー	0.119	0.059	0.613	0.180	0.090	0.971	0.152	0.076	0.817
年齢	−0.041	−0.233	−1.893	−0.041	−0.228	−1.944	−0.038	−0.214	−1.843
在籍年数	−0.017	−0.044	−0.369	−0.010	−0.026	−0.229	−0.011	−0.029	−0.252
転職ダミー	−0.023	−0.009	−0.087	0.067	0.027	0.261	0.088	0.035	0.338
管理職ダミー	0.324	0.138	1.205	0.202	0.086	0.780	0.114	0.049	0.439
営業ダミー	−0.418	−0.223	−2.482*	−0.343	−0.183	−2.105*	−0.342	−0.182	−2.098*
組織アイデンティフィケーション				0.237	0.220	2.553*	0.155	0.144	1.531
ディスアイデンティフィケーション				−0.256	−0.215	−2.478*	−0.304	−0.255	−2.942**
PD. 汎用スキルの形成							−0.132	−0.119	−1.334
PD. 意思の表示							0.102	0.088	0.935
PD. 対人関係のコントロール							−0.222	−0.220	−2.368*
PD. 目標の分離							0.042	0.041	0.454
調整済みR²	0.042			0.133			0.165		
F値	1.936			3.436**			3.093**		
N	128			128			128		

注）**p＜.01，*p＜.05
Bは非標準化係数，βは標準化係数を表す

表4.13 満足度（人間関係）との重回帰分析結果（パターン2）

	Step1 B	Step1 β	Step1 t値	Step2 B	Step2 β	Step2 t値	Step3 B	Step3 β	Step3 t値
統制変数									
男性ダミー	0.119	0.059	0.613	0.144	0.072	0.772	0.095	0.048	0.501
年齢	−0.041	−0.233	−1.893	−0.042	−0.238	−2.012*	−0.039	−0.220	−1.863
在籍年数	−0.017	−0.044	−0.369	−0.035	−0.093	−0.806	−0.043	−0.114	−0.977
転職ダミー	−0.023	−0.009	−0.087	0.076	0.030	0.288	0.053	0.021	0.200
管理職ダミー	0.324	0.138	1.205	0.210	0.089	0.780	0.171	0.073	0.629
営業ダミー	−0.418	−0.223	−2.482*	−0.367	−0.196	−2.251*	−0.366	−0.196	−2.227*
情緒的コミットメント				0.209	0.282	3.088**	0.173	0.234	2.418*
継続的コミットメント				0.053	0.076	0.851	0.067	0.096	1.069
PD.汎用スキルの形成							−0.094	−0.085	−0.941
PD.意思の表示							0.146	0.125	1.327
PD.対人関係のコントロール							−0.170	−0.168	−1.792
PD.目標の分離							0.048	0.046	0.513
調整済みR^2	0.042			0.116			0.139		
F値	1.936			3.088**			2.703**		
N	128			128			128		

注）**p＜.01，*p＜.05
Bは非標準化係数，βは標準化係数を表す

が自らの意思で対人関係を調整する行動は，人間関係における満足度に，マイナスの影響を与える要因になっていることが示唆される結果となった。会社の人たちとの交流を控え，社内のイベント参加に消極的である人たちは，社内の人間関係にも満足していないことが読み取れる結果となった。

　満足度（仕事・キャリア）・満足度（地位・収入）・満足度（人間関係）の3つに分けて重回帰分析を行った結果，仮説4.3（「組織と距離を置き保つ」行動の，2つの因子「汎用スキルの形成」因子と「意思の表示」因子は，満足度にポジティブな効果を持つ）は，一部棄却された。満足度を従属変数として分析を行った結果から，何に対して満足するか，その対象によって心理的距離をとる行動の4因子それぞれの影響が異なることが明らかになった。既存概念との比較という点で見ると，満足度については共通する動きが確認されなかった。

4 距離をとる行動の影響

　心理的な距離をとる行動は，因子分析の結果から「汎用スキルの形成」，「意思の表示」，「対人関係のコントロール」，「目標の分離」の4つの因子が確認された。この4因子は，相関分析の結果から，プラス・マイナスに2つずつ分かれ，異なる性質を持つことが示唆された。

　さらに，この4つの因子がどのような傾向にあるのか，重回帰分析を用いて探究をしてきた。その結果，距離をとる行動の4因子は，離職意図，満足度にそれぞれ異なる影響を与えていることが明らかになった。また，いずれのケースも，「距離をとる行動」の4因子を投入したモデルにおいて決定係数が大きくなる傾向が確認された。

　4つの因子を従属変数に用いた分析から，有意な関連を持った変数間の結果をモデル図で表すと，図4.1のようなイメージになる。「汎用スキル

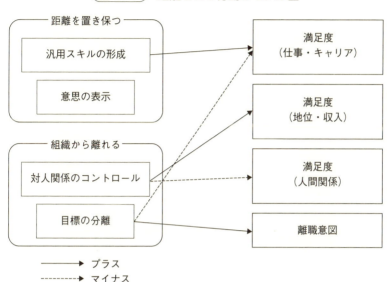

図4.1 距離をとる行動のモデル図

の形成」は，満足度（仕事・キャリア）にプラスの影響があった。「対人関係のコントロール」は，満足度（地位・収入）にプラス，満足度（人間関係）にマイナスの影響，「目標の分離」は，離職意図にプラス，満足度（仕事・キャリア）にマイナスの影響があった。

　重回帰分析の結果を見ると「距離を置き保つ」行動と「組織から離れる」行動は，個人から見た組織との関係性に，プラスの影響とマイナスの影響を与えていることが確認された。組織から「距離を置き保つ」行動は，仕事やキャリアの満足度を高めるプラスの影響が確認されるなど，個人と組織の両者にとってポジティブな影響がある。一方で「組織から離れる」行動は，満足度の低下や離職意図を高めるなど，個人と組織の関係性という視点ではネガティブな傾向が見られた。

　EOR概念である組織アイデンティフィケーション，ディスアイデンティフィケーション，組織コミットメントとの比較では，離職意図に関して

ディスアイデンティフィケーションと「目標の分離」に近い影響が見られたが，満足度においては共通した影響を持たないことが確認された。

5 ポジティブな影響

　離職意図や満足度を従属変数として用いた重回帰分析の結果から，心理的距離を意図的にコントロールする「距離をとる行動」の4因子は，既存概念で描かれていた乖離や反発とは異なる傾向を持ち，組織との関係性を継続するために有効に働く可能性も示唆された。また，「目標の分離」の因子以外は，離職意図に直接的に影響しないことが確認された。正社員モデルにおいて，組織と心理的距離をとること自体，ほとんど注目されておらず，むしろネガティブなものとして考えられる傾向にあったが，インタビュー調査の分析結果と同様に，サーベイ結果を用いた定量分析からも，個人と組織の関係性においてポジティブな影響が読み取れる結果を得ることができた。本節では，このポジティブな影響について，さらに探究を進めていく。

5-1　自己効力感

　本書では，組織との関係性を考えるうえでの主体を個人と設定している。個人が能動的に考え行動することを推進するためには，行動を取った結果が自分自身にとってポジティブな効果に結びつくのかについての検討が必要である。

　ここでは，この距離をとる行動のポジティブな側面について，さらに探究をしていくため，自己効力感を従属変数に設定し，コントロール変数に組織アイデンティフィケーションとディスアイデンティフィケーションをパターン1，組織コミットメントの情緒的コミットメント，継続的コミッ

トメントをパターン2に使用して，重回帰分析を行う。

独立変数として古典的EOR概念である，組織アイデンティフィケーション，ディスアイデンティフィケーション（パターン1），従属変数に自己効力感を用いた重回帰分析の推定結果は，表4.14に示す通りである。Step 3のモデルのみ1％水準で説明力を持ち，重決定係数は11.5％の説明力であった。

Step 2では，組織アイデンティフィケーションが正の効果（$\beta=.209$）を持ち，5％水準で有意な影響を与えていたが，モデル全体としての説明力はない結果となった。

Step 3で，心理的距離をとる行動の4因子を投入すると，組織アイデンティフィケーションの有意な水準での効果が消える。一方，心理的距離をとる行動の1つ，「意思の表示」が正の効果（$\beta=.265$）を持ち1％水準で有意となり，大きな影響を与えていることが明らかになった。

パターン2では，組織コミットメントの情緒的コミットメントと継続的コミットメントを用いて分析を行った。重回帰分析の推定結果は，表4.15に示す通りである。Step 2とStep 3は，1％水準で説明力を持つことが確認された。重決定係数は，Step 3が17.0％と3つの中で一番高い説明力を持っていた。

Step 2では，情緒的コミットメント（$\beta=.345$）が正の効果を持ち1％水準で有意な影響を与えていた。

Step 3で，心理的距離をとる行動の4因子を投入しても，情緒的コミットメント（$\beta=.282$）は，1％水準で有意なプラスの影響を与えていた。心理的距離をとる行動の1つ，「意思の表示」は，1％水準で有意で正の効果（$\beta=.267$）を持ち，自己効力感に影響を与えていることが明らかになった。

この結果から，仮説4.4（「組織と距離を置き保つ」行動の，2つの因

表 4.14 自己効力感との重回帰分析結果（パターン1）

	Step1 B	Step1 β	Step1 t値	Step2 B	Step2 β	Step2 t値	Step3 B	Step3 β	Step3 t値
統制変数									
男性ダミー	0.527	0.152	1.546	0.533	0.153	1.578	0.391	0.113	1.175
年齢	0.003	0.009	0.074	0.009	0.028	0.228	0.008	0.027	0.222
在籍年数	0.112	0.170	1.406	0.089	0.136	1.122	0.064	0.097	0.812
転職ダミー	0.335	0.076	0.703	0.409	0.094	0.869	0.257	0.059	0.552
管理職ダミー	−0.228	−0.056	−0.481	−0.349	−0.085	−0.741	−0.395	−0.097	−0.849
営業ダミー	−0.114	−0.035	−0.385	−0.148	−0.046	−0.498	−0.014	−0.004	−0.047
組織アイデンティフィケーション				0.393	0.209	2.314*	0.190	0.101	1.045
ディスアイデンティフィケーション				0.117	0.057	0.622	0.090	0.043	0.486
PD. 汎用スキルの形成							0.055	0.029	0.313
PD. 意思の表示							0.536	0.265	2.740**
PD. 対人関係のコントロール							−0.223	−0.127	−1.327
PD. 目標の分離							−0.002	−0.001	−0.015
調整済みR²	0.020			0.047			0.115		
F値	1.424			1.780			2.376**		
N	128			128			128		

注) **p＜.01，*p＜.05
Bは非標準化係数，βは標準化係数を表す

表4.15 自己効力感との重回帰分析結果（パターン2）

	Step1			Step2			Step3		
	B	β	t値	B	β	t値	B	β	t値
統制変数									
男性ダミー	0.527	0.152	1.546	0.636	0.183	1.949	0.479	0.138	1.481
年齢	0.003	0.009	0.074	0.007	0.021	0.178	0.010	0.031	0.268
在籍年数	0.112	0.170	1.406	0.084	0.127	1.098	0.051	0.077	0.675
転職ダミー	0.335	0.076	0.703	0.601	0.137	1.311	0.403	0.092	0.888
管理職ダミー	−0.228	−0.056	−0.481	−0.672	−0.164	−1.429	−0.625	−0.153	−1.344
営業ダミー	−0.114	−0.035	−0.385	−0.086	−0.026	−0.302	0.020	0.006	0.073
情緒的コミットメント				0.445	0.345	3.773**	0.363	0.282	2.964**
継続的コミットメント				−0.153	−0.125	−1.406	−0.094	−0.077	−0.873
PD.汎用スキルの形成							0.008	0.004	0.050
PD.意思の表示							0.541	0.267	2.884**
PD.対人関係のコントロール							−0.163	−0.093	−1.004
PD.目標の分離							0.061	0.034	0.379
調整済みR²		0.020			0.112			0.170	
F値		0.170			2.996**			3.160**	
N		128			128			128	

注：**p＜.01，*p＜.05
Bは非標準化係数，βは標準化係数を表す

子「汎用スキルの形成」因子と「意思の表示」因子は，自己効力感にポジティブな効果を持つ）は，一部支持される結果となった。空気を読んで我慢するのではなく「会社や組織で考えの相違があったとき，自分の意見を発言する」ことや「人事異動などキャリア上の変化に関しては会社側の意図を確認し納得できない場合はその旨を伝える」といった形で，個人が自らの意思を持ち組織に伝えていく行動は，働く個人の自己効力感にポジティブな影響を与えていることが明らかになった。

5-2　キャリア成熟度

さらに，キャリア成熟度について分析を行う。心理的距離をとる行動が与える影響について確認を進めるため，キャリア成熟度を従属変数として使い，コントロール変数に組織アイデンティフィケーションとディスアイデンティフィケーションをパターン1，組織コミットメントの情緒的コミットメント，継続的コミットメントをパターン2に使用して，重回帰分析を行う。

従属変数としてキャリア成熟度，独立変数に組織アイデンティフィケーション，ディスアイデンティフィケーション（パターン1）を用いた重回帰分析の推定結果は，表4.16に示す通りである。分析の結果，説明力を持つモデルはStep 3のみ，1％水準で正の効果があり，重決定係数は23.6％の説明力を持っていた。

Step 3のモデルでは，組織アイデンティフィケーションが，キャリア成熟度に対し1％水準で有意な負の効果（$\beta=-.256$）を持っていることが確認された。心理的距離をとる行動の，「汎用スキルの形成」は正の効果（$\beta=.268$），「意思の表示」が正の効果（$\beta=.385$）を持ち，どちらも1％水準で有意となりポジティブな影響を与えていることが明らかになった。

組織コミットメントの情緒的コミットメントと継続的コミットメントを

表4.16 キャリア成熟度との重回帰分析結果（パターン1）

	Step1			Step2			Step3		
	B	β	t値	B	β	t値	B	β	t値
統制変数									
男性ダミー	−0.170	−0.115	−1.145	−0.175	−0.119	−1.172	−0.288	−0.195	−2.189*
年齢	0.009	0.065	0.508	0.008	0.057	0.447	0.002	0.016	0.147
在籍年数	−0.013	−0.048	−0.388	−0.010	−0.037	−0.295	−0.026	−0.093	−0.841
転職ダミー	−0.233	−0.125	−1.127	−0.252	−0.135	−1.207	−0.357	−0.192	−1.940
管理職ダミー	0.161	0.093	0.784	0.190	0.109	0.909	0.187	0.108	1.018
営業ダミー	−0.054	−0.039	−0.419	−0.054	−0.039	−0.413	0.072	0.052	0.625
組織アイデンティフィケーション				−0.079	−0.099	−1.057	−0.205	−0.256	−2.847**
ディスアイデンティフィケーション				0.001	0.001	0.010	0.019	0.022	0.263
PD. 汎用スキルの形成							0.220	0.268	3.150**
PD. 意思の表示							0.331	0.385	4.292**
PD. 対人関係のコントロール							−0.078	−0.104	−1.168
PD. 目標の分離							−0.065	−0.084	−0.984
調整済みR²	−0.024			−0.031			0.236		
F値	0.505			0.519			4.269**		
N	128			128			128		

注) **p＜.01, *p＜.05
Bは非標準化係数, βは標準化係数を表す

第4章　距離をとる行動の探究 | 147

用いて分析を行ったパターン2の結果は，表4.17に示す通りである。この分析でも心理的距離をとる行動の4因子を投入したモデルのStep 3のみ，重決定係数が19.8%となり1%水準で説明力を持つことが確認された。

Step 2では，継続的コミットメントが負の効果（$\beta = -.205$）を持ち，5%水準で有意な影響を与えていたが，モデル全体では説明力を持たない結果となった。

Step 3で，心理的距離をとる行動の4因子を投入すると，継続的コミットメントの有意な水準での効果が消える。一方，心理的距離をとる行動の「汎用スキルの形成」が1%水準で有意な正の効果（$\beta =.275$），「意思の表示」は，1%水準で有意な正の効果（$\beta =.327$）を持ち，キャリア成熟度にポジティブな影響を与えていることが明らかになった。

キャリア成熟度を従属変数にして分析したパターン1，2，いずれの場合も，Step 3のモデルのみ決定係数の値が大きく増加し，1%水準で有意になる結果となった。特に「距離を置き保つ」行動である「汎用スキルの形成」と「意思の表示」は，EORの既存概念よりも説明力を持つ変数であり，キャリア成熟度にプラスの影響を与えることが確認された。この結果，仮説4.5（「組織と距離を置き保つ」行動の，2つの因子「汎用スキルの形成」因子と「意思の表示」因子は，キャリア成熟度にポジティブな効果を持つ）は，支持されることが確認できた。

一方で，組織アイデンティフィケーション因子と，モデル全体の説明力はないが継続的コミットメント因子が，マイナスの影響を持っているということが確認された。「自分から進んで，どんな人生を送っていくのか決めている」，「人生で難しい問題に直面しても，自分なりに積極的に解決していく」という考えのもと，個人が組織の中で自分自身のキャリアを能動的に築いていくという視点を養うためには，組織アイデンティフィケーションや組織コミットメントを高めることよりも，組織に「距離を置き保

第4章 距離をとる行動の探究　149

表4.17　キャリア成熟度との重回帰分析結果（パターン2）

	Step1			Step2			Step3		
	B	β	t値	B	β	t値	B	β	t値
統制変数									
男性ダミー	−0.170	−0.115	−1.145	−0.144	−0.097	−0.975	−0.264	−0.179	−1.952
年齢	0.009	0.065	0.508	0.011	0.082	0.652	0.005	0.041	0.362
在籍年数	−0.013	−0.048	−0.388	−0.011	−0.039	−0.315	−0.023	−0.083	−0.737
転職ダミー	−0.233	−0.125	−1.127	−0.197	−0.106	−0.952	−0.311	−0.167	−1.637
管理職ダミー	0.161	0.093	0.784	0.061	0.035	0.290	0.126	0.072	0.646
営業ダミー	−0.054	−0.039	−0.419	−0.082	−0.059	−0.637	0.038	0.027	0.321
情緒的コミットメント				0.026	0.048	0.496	−0.040	−0.072	−0.774
継続的コミットメント				−0.106	−0.205	−2.170*	−0.056	−0.108	−1.252
PD. 汎用スキルの形成							0.225	0.275	3.169**
PD. 意思の表示							0.282	0.327	3.593**
PD. 対人関係のコントロール							−0.054	−0.072	−0.797
PD. 目標の分離							−0.034	−0.044	−0.505
調整済みR^2	−0.024			−0.002			0.198		
F値	0.505			0.976			3.618**		
N	128			128			128		

注) **p＜.01，*p＜.05
　　Bは非標準化係数，βは標準化係数を表す

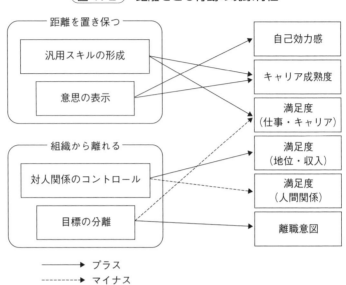

図4.2 距離をとる行動の現象特性

つ」行動を個人が意識的にとることが，有効な説明力を持つことが示された。今回の分析結果を整理すると，図4.2の通りとなる。

6 EOR概念との弁別性

本章では，心理的距離をとる行動の現象特性を探究するとともに，EORの既存概念である組織アイデンティフィケーション，ディスアイデンティフィケーション，及び組織コミットメントの情緒的コミットメント，継続的コミットメントとの弁別性の確認を行った。

変数間の相関分析の結果，いずれも相関係数は中程度以下の弱い相関関係であった。「組織から離れる」行動の「対人関係のコントロール」因子と「目標の分離」因子は，情緒的コミットメント，組織アイデンティフィケーションと1％水準で負の相関が認められた。逆に，「組織と距離を置

き保つ」行動の「意思の表示」因子は，組織アイデンティフィケーションと1％水準で正の相関があった。しかし，古典的EOR概念の中で唯一，組織から離れる関係性を描いたディスアイデンティフィケーションと心理的な距離をとる行動の4因子には相関が見られなかった。

重回帰分析の結果では，VIFの値から多重共線性の問題はないことが確認された。既存概念と共通の影響を及ぼす因子も存在していたが，全体の傾向として見ると，変数の影響とその関係性にはバラツキが見られた。また，距離をとる行動の4因子を含めたモデルは，いずれのケースにおいても，既存概念より高い説明力を持つことが確認された。

これらの分析結果に鑑みると，距離をとる行動は，EORの既存概念である組織アイデンティフィケーション，ディスアイデンティフィケーション，組織コミットメントの情緒的コミットメント，継続的コミットメントとは，異なる現象特性を持つ概念であると考えられる。特に，乖離や反発することと組織から距離をとる行動は，同一概念ではなく，直接的な関係はないことが明らかになった。

7 小 括

本章では，心理的距離をとる行動の尺度を作成し，心理的な距離をとる行動が，個人と組織に与える影響を確認するため，作成した因子を使用して重回帰分析を行い因子の特徴について検討をしてきた。

検討を進めるにあたり2つの課題を設定した。第一の課題は，心理的距離をとる行動が，個人と組織に与える影響を探究することであった。第二の課題は，既存のEOR概念との弁別性の検証である。これらの課題を踏まえて，以下に心理的距離をとる行動の分析結果について考察を加える。

7-1　心理的距離をとる行動の特性

　定性調査から導き出した距離をとる行動の内容を用いて質問項目を作成し，サーベイを実施した。その結果から得られたデータを用いて因子分析を行い，「汎用スキルの形成」，「意思の表示」，「目標の分離」，「対人関係のコントロール」の4つの因子を見出した。この4因子は，それぞれ2つに分類され，正負の相関を持つことが確認された。

　距離をとる行動の特性と既存のEOR概念との弁別性を検証することを目的に，因子分析によって作成した4つの項目について，仮説を設定して分析を進めた。仮説では，特定の関係のみに言及しているが，探索的な研究であることを踏まえ，分析を進め検証した結果，本書において注目した個人が組織に対して心理的に距離をとる行動は，既存概念と異なる働きを持つことが確認された。

　古典的EOR概念と比較すると，「組織と距離を置き保つ」行動の2つの項目，個人が「汎用スキルの形成」や「意思の表示」をすることは，仕事・キャリアに関する満足度や自己効力感，キャリア成熟度などにポジティブな影響を与え，説明力を持った因子であることが明らかになった。また，これら2つの因子からなる「組織と距離を置き保つ」行動は，離職意図に対して直接的な結びつきがなかった。

　EOR概念では，組織に合わせる形で同一化や一体感に注目し，理論が展開されてきたが，こういった視点とは異なる個人の行動が，個人と組織，両者にとってポジティブな効果を持つことが明らかになった。組織に依存するのではなく，一体感や同一視とは異なる形で距離を保ちながら能動的に考え行動する個人は，組織側から見ても関係性構築に良好な影響を与えることが確認された。組織との関係性が変化する中，個人が能動的に考え行動をすることによる影響を具体的に示すことができたことは，注目すべ

き点である。今後のEOR研究においても議論を進めていく必要があると考える。

　一方,「組織から離れる」行動の2つの因子,「対人関係のコントロール」と「目標の分離」は,仕事・キャリアや人間関係に対する満足度にマイナスの影響があり,離職意図を高めることが明らかになった。ディスアイデンティフィケーションの概念とは直接的な相関はないが,個人と組織の関係性という側面から見ると,同様にネガティブな影響を与えていることが明らかになった。

　以上の結果から,心理的距離をとる行動の「組織と距離を置き保つ」行動と「組織から離れる」行動は,組織との関係性に対しプラスとマイナスの異なる現象特性を持つことが確認された。

第5章

距離をとる行動の規定要因

1 調査の目的

　本章では，心理的距離をとる行動の測定尺度として作成した，「汎用スキルの形成」，「意思の表示」，「対人関係のコントロール」，「目標の分離」の4因子の先行要因について，定量的に探究することを目的とする。

　定性調査の分析結果から心理的距離をとる行動は，経験の蓄積が影響していることが明らかになった。しかし，個人が組織との関係性を調整していく行動には，個人の属性や性格特性，キャリアタイプなどが影響している可能性も考えられる。そのため，本章では距離をとる行動の4つの因子を従属変数として分析を行い，先行要因を探索する。

　具体的には，個人の属性として，性別（男性ダミー）・年齢・在籍年数・転職経験（転職ダミー）・管理職か否か（管理職ダミー）・職種として営業職か専門職か（営業ダミー），の6項目を用いる。性格特性は，A社から提供を受けたデータを使用する。具体的には，主体性・変革性・外向性・持続性・協調性の5項目である。キャリアタイプも同様に，A社から提供を受けたデータを使用する。キャリアタイプの分類は，経営幹部・アントレプレナー・チャレンジャー・自立・スペシャリスト・安定指向・私生活重視・社会奉仕の8項目である。

　本章で用いる分析モデルは，図5.1の通りである。

　以上のような分析モデルを用いて，心理的距離をとる行動の先行要因を探る。ここでは，探索的な分析を行うことを目的とするため，仮説ではなく分析を進めるうえでの問題意識として研究課題を設定する。

　第一に，第2章で行った先行研究レビューでは，従業員の意識変化として，長期雇用を前提としていない正社員（労働政策研究・研修機構, 2017）や，転職に否定的ではない若年層の存在が示されていた（内閣府, 2018）。

図5.1 距離をとる行動の先行要因の分析モデル

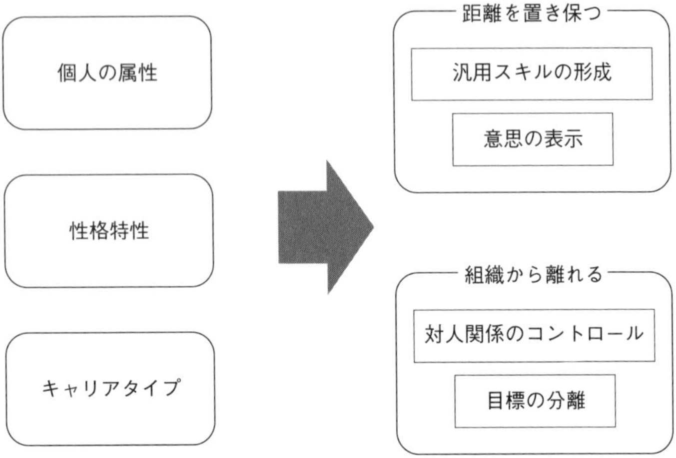

```
┌─────────────┐              ┌─ 距離を置き保つ ──────┐
│  個人の属性  │              │ ┌─────────────────┐ │
└─────────────┘              │ │ 汎用スキルの形成 │ │
                             │ └─────────────────┘ │
┌─────────────┐              │ ┌─────────────────┐ │
│   性格特性   │  ⇒          │ │   意思の表示    │ │
└─────────────┘              │ └─────────────────┘ │
                             └─────────────────────┘
┌─────────────┐              ┌─ 組織から離れる ──────┐
│ キャリアタイプ │            │ ┌───────────────────┐ │
└─────────────┘              │ │ 対人関係のコントロール │ │
                             │ └───────────────────┘ │
                             │ ┌─────────────────┐   │
                             │ │   目標の分離    │   │
                             │ └─────────────────┘   │
                             └───────────────────────┘
```

このようなデータの傾向から考えると，転職経験は，心理的距離をとる行動にポジティブな影響を与えている可能性も考えられる。しかし，定性調査では転職経験の影響は見受けられず，明確な答えは得られないまま，今後の課題としていた。また，先行研究では若年層の意識の変化として，組織に対して一体感や同一化を求めない傾向が指摘されていた。このことから，年齢が若い世代ほど心理的距離をとる行動の傾向が強く見られる可能性がある。

そのため，本章では，個人の属性の影響について以下の研究課題を設定する。

【研究課題3】
　年齢や転職経験の有無なども含めた個人の属性は，「組織から離れる」行動と，「組織と距離を置き保つ」行動を強化する影響を持つのだろうか。

さらに，これまでの議論や質的調査の分析結果から明らかになった論点では，個人の性格特性やキャリアタイプについての影響は確認できなかった。しかし，これらは個人の考えや行動に影響を与えている可能性がある。距離をとる行動の現象特性を明らかにするためにも，これらの要因についての影響を確認する必要はあると考え，以下の課題を設定する。

【研究課題４】
　個人の性格特性は，「組織から離れる」行動と，「組織と距離を置き保つ」行動に何らかの影響を与えているのか。

【研究課題５】
　個人のキャリアタイプは，「組織から離れる」行動と，「組織と距離を置き保つ」行動に何らかの影響を与えているのか。

以上３つの研究課題を設定したうえで，心理的距離をとる行動の先行要因について探究を進めていく。本章で使用するデータセットは，第３章で概要説明を行ったデータと同様のものを使用する。心理的距離をとる行動の４つの因子を従属変数として使用し，個人の属性と性格特性，キャリアタイプを用いて重回帰分析を行う。

2　個人属性の影響

本節では，距離をとる行動の先行要因について確認をすることを目的に，重回帰分析を用いる。今回の分析に用いた変数の平均値，標準偏差，相関係数は表５．１の通りである。

階層的重回帰分析を用いて，Step１では，個人の属性である，性別，年

表 5.1　投入変数の記述統計

		M	SD	1	2	3	4	5	6	7	8	9	10	11	12	13	14	15	16	17	18	19
1	男性ダミー(0=女性 1=男性)	0.68	0.47	1																	
2	年齢	30.94	5.26	0.401**	1																
3	在籍年数	3.36	2.48	0.172	0.365**	1															
4	転職ダミー(0=新卒 1=中途)	0.84	0.37	0.103	0.563**	0.242**	1														
5	管理職ダミー(0=No 1=Yes)	0.20	0.40	0.169	0.228**	0.639**	0.218*	1														
6	営業ダミー(0=専門職 1=営業職)	0.45	0.50	-0.014	-0.199*	0.056	-0.105	-0.013	1													
7	1. 主体性	54.79	8.67	0.144	0.007	0.045	-0.010	0.138	0.051	1												
8	1. 変革性	57.22	8.95	0.171	-0.134	-0.158	-0.157	0.004	-0.001	0.450**	1											
9	1. 外向性	53.20	8.94	-0.035	-0.179**	0.067	-0.182*	0.131	0.117	0.564**	0.370**	1										
10	1. 持続性	48.18	9.16	-0.229**	0.046	0.015	0.081	-0.073	-0.039	-0.355**	-0.640**	-0.182*	1									
11	1. 協調性	47.20	9.50	-0.072	-0.088	-0.037	-0.029	-0.045	-0.075	-0.722**	-0.442**	-0.424**	0.334**	1								
12	2. 経営幹部	62.66	17.15	0.208*	-0.072	0.111	-0.155	0.211*	0.078	0.467**	0.149	0.496**	-0.224**	-0.120	1							
13	2. アントレプレナー	58.71	16.97	0.220**	-0.162	0.112	-0.142	0.169	0.059	0.639**	0.473**	0.511**	-0.431**	-0.422**	0.576**	1						
14	2. チャレンジャー	66.81	13.65	0.152	-0.122	-0.001	-0.161	0.154	0.123	0.617**	0.450**	0.545**	-0.272**	-0.338**	0.538**	0.685**	1					
15	2. 自立	59.78	11.68	0.043	0.009	0.102	0.030	0.113	-0.059	0.665**	0.494**	0.343**	-0.437**	-0.674**	0.288**	0.563**	0.442**	1				
16	2. スペシャリスト	49.48	14.89	-0.077	0.151	-0.077	0.205	-0.106	-0.120	-0.391**	-0.142	-0.452**	0.297**	0.082	-0.771**	-0.415**	-0.327**	-0.150	1			
17	2. 安定志向	51.14	14.85	-0.244**	0.006	-0.053	0.219	-0.125	0.018	-0.679**	-0.420**	-0.415**	0.328**	0.402**	-0.434**	-0.686**	-0.600**	-0.374**	0.416**	1		
18	2. 私生活重視	54.34	16.55	-0.232**	-0.062	-0.054	0.051	-0.175	-0.082	-0.364**	-0.042	-0.252**	-0.009	-0.036	-0.476**	-0.394**	-0.642**	-0.032	0.321**	0.534**	1	
19	2. 社会奉仕	62.36	11.15	0.069	0.059	-0.084	0.096	-0.006	-0.012	-0.234**	-0.113	-0.057	0.188*	0.473**	0.075	0.025	0.133	-0.267**	0.069	0.108	-0.221**	1

注) N=128　**p＜.01，*p＜.05
　　Mは平均値，SDは標準偏差を表す

齢,在籍年数,転職経験,管理職か否か,職種を説明変数として分析を行った。なお,年齢,在籍年数以外は,ダミー変数を使用している。Step 2 では,A 社から提供を受けた性格特性を用いて分析を行った。A 社では,入社時に正社員を対象に適性テストとして実施している。性格特性は,その結果を集計したデータ提供を受けたものである。Step 3 では,性格特性と同じく入社時に測定されているキャリアタイプの結果データを説明変数として追加して分析を行った。Variance Inflation Factor(VIF)の値は,いずれも 1.2〜5.0 であり,多重共線性の影響は無かった。以降では,距離をとる行動の 4 つの因子をそれぞれ使用して分析を行った結果を提示したうえで説明を行う。

2-1　汎用スキルの形成因子

　心理的距離をとる行動の構成因子の 1 つである「汎用スキルの形成」を従属変数とした重回帰分析の推定結果は,表 5．2 に示す通りである。Step 1 から Step 3 と段階に沿ってモデルの説明力が大きくなることが確認された。

　Step 1 モデルは,説明力,変数ともに有意な影響を与えていない。Step 2 で,個人の属性に性格特性を加えると,有意な変数が現れ,モデル全体の説明力も 5％水準で有意となり上昇する。全ての変数を投入した Step 3 のモデルでは,全体の説明力が 1％水準で有意となり,決定係数の値も上昇している。

　個別の変数では,性格特性の変革性($\beta = -.281$),持続性($\beta = -.310$)が,5％水準で有意,キャリアタイプの経営幹部($\beta = .358$)が 5％,安定指向($\beta = -.415$)が 1％,私生活重視($\beta = .289$)と社会奉仕($\beta = .197$)が 5％水準で有意な影響を与えていた。

　一方で,個人の属性には,有意な変数が存在せず影響が見られなかった。

表5.2 汎用スキルの形成との重回帰分析結果

	Step1 B	Step1 β	Step1 t値	Step2 B	Step2 β	Step2 t値	Step3 B	Step3 β	Step3 t値
統制変数									
男性ダミー	0.239	0.132	1.336	0.213	0.118	1.162	0.069	0.038	0.368
年齢	0.025	0.157	1.260	0.030	0.186	1.492	0.024	0.147	1.126
在籍年数	−0.028	−0.079	−0.657	−0.043	−0.120	−1.003	−0.030	−0.085	−0.691
転職ダミー	−0.025	−0.011	−0.101	0.019	0.009	0.080	0.164	0.073	0.667
管理職ダミー	−0.123	−0.057	−0.490	−0.181	−0.083	−0.724	−0.238	−0.109	−0.968
営業ダミー	−0.254	−0.150	−1.646	−0.310	−0.183	−2.042*	−0.281	−0.166	−1.842
1. 主体性				−0.007	−0.077	−0.535	−0.022	−0.227	−1.236
1. 協調性				−0.007	−0.077	−0.586	−0.021	−0.238	−1.404
1. 外向性				0.023	0.247	2.194*	0.015	0.154	1.242
1. 変革性				−0.022	−0.229	−1.808	−0.027	−0.281	−2.089*
1. 持続性				−0.027	−0.288	−2.503*	−0.029	−0.310	−2.545*
2. 経営幹部							0.018	0.358	2.098*
2. アントレプレナー							−0.003	−0.052	−0.315
2. チャレンジャー							0.004	0.058	0.351
2. 自立							−0.011	−0.148	−1.011
2. スペシャリスト							0.011	0.200	1.306
2. 安定指向							−0.024	−0.415	−2.697**
2. 私生活重視							0.015	0.289	2.018*
2. 社会奉仕							0.015	0.197	1.797
調整済みR²	0.042			0.094			0.166		
F値	0.166			2.175*			2.295**		
N	128			128			128		

注）**p＜.01，*p＜.05
Bは非標準化係数，βは標準化係数を表す

この結果から，転職経験や年齢など個人属性は，「汎用スキルの形成」に影響を与えないということが明らかになった。

2-2 意思の表示因子

次に「意思の表示」因子を従属変数として用いて重回帰分析を行った。推定結果は，表 5. 3 に示す通りである。このモデルも Step 1 から Step 3 と段階に沿って説明力が大きくなることが確認された。

Step 1 のモデルの説明力および有意な影響を与えている変数は無く，個人の属性は影響を与えていないことが確認された。Step 2 で，個人の属性に性格特性を加えると，有意な変数が現れ，モデルの説明力も少し上昇する。全ての変数を投入した Step 3 のモデルでは，属性の中では，営業ダミー（$\beta = -.195$）のみが 5 ％水準で有意となった。この結果から，営業職と比較して専門職の方が，「意思の表示」を行う傾向が強いことが明らかになった。一方で，性格特性やキャリアタイプの中に，有意な影響がある変数は確認されなかった。

2-3 対人関係のコントロール因子

従属変数に「対人関係のコントロール」を用いた重回帰分析の推定結果は，表 5. 4 に示す通りである。Step 3 のモデルのみ，5 ％水準で有意な説明力が確認された。Step 1 の結果から，個人の属性による影響は見られないことが確認された。Step 2 のモデルでは，外向性（$\beta = -.243$）のみがマイナス傾向の 5 ％水準で有意となったが，モデル全体としての有意な傾向は確認されなかった。Step 3 のモデルでは，モデル全体として 5 ％水準で有意となったが，個々の変数の中に有意な影響は見られなかった。

表5.3 意思の表示との重回帰分析結果

	Step1 B	Step1 β	Step1 t値	Step2 B	Step2 β	Step2 t値	Step3 B	Step3 β	Step3 t値
統制変数									
男性ダミー	0.129	0.076	0.773	0.007	0.004	0.041	−0.119	−0.071	−0.680
年齢	−0.009	−0.058	−0.468	−0.006	−0.039	−0.319	0.004	0.025	0.193
在籍年数	0.058	0.175	1.466	0.075	0.226	1.893	0.070	0.209	1.714
転職ダミー	0.344	0.163	1.504	0.384	0.182	1.695	0.418	0.198	1.826
管理職ダミー	0.060	0.029	0.255	−0.016	−0.008	−0.068	−0.059	−0.029	−0.259
営業ダミー	−0.244	−0.154	−1.697	−0.259	−0.163	−1.832	−0.309	−0.195	−2.176*
1. 主体性				0.001	0.009	0.064	−0.026	−0.287	−1.571
1. 協調性				−0.010	−0.117	−0.898	−0.027	−0.324	−1.925
1. 外向性				−0.002	−0.022	−0.195*	−0.021	−0.234	−1.901
1. 変革性				0.014	0.163	1.291*	0.021	0.243	1.816
1. 持続性				−0.008	−0.091	−0.799*	0.003	0.040	0.328
2. 経営幹部							0.007	0.159	0.935
2. アントレプレナー							0.006	0.120	0.732
2. チャレンジャー							0.008	0.138	0.842
2. 自立							−0.002	−0.031	−0.216
2. スペシャリスト							−0.014	−0.271	−1.777
2. 安定指向							0.003	0.058	0.377
2. 私生活重視							−0.001	−0.026	−0.180
2. 社会奉仕							−0.002	−0.034	−0.310
調整済みR²		0.054			0.103			0.176	
F値		2.171			2.296*			2.393**	
N		128			128			128	

注) **p<.01, *p<.05
Bは非標準化係数, βは標準化係数を表す

表5.4 対人関係のコントロールとの重回帰分析結果

	Step1 B	Step1 β	Step1 t値	Step2 B	Step2 β	Step2 t値	Step3 B	Step3 β	Step3 t値
統制変数									
男性ダミー	−0.163	−0.081	−0.810	−0.087	−0.044	−0.425	0.077	0.039	0.356
年齢	−0.007	−0.038	−0.299	−0.021	−0.119	−0.945	−0.041	−0.230	−1.695
在籍年数	0.020	0.051	0.421	0.009	0.022	0.182	0.034	0.086	0.675
転職ダミー	0.371	0.149	1.345	0.310	0.124	1.137	0.223	0.090	0.793
管理職ダミー	−0.554	−0.230	−1.965	−0.464	−0.193	−1.655	−0.491	−0.204	−1.746
営業ダミー	0.012	0.007	0.071	0.009	0.005	0.053	−0.024	−0.013	−0.138
1. 主体性				0.021	0.192	1.320	0.033	0.306	1.603
1. 協調性				−0.005	−0.049	−0.369	−0.004	−0.038	−0.214
1. 外向性				−0.025	−0.243	−2.132*	−0.012	−0.117	−0.913
1. 変革性				−0.025	−0.240	−1.871	−0.028	−0.270	−1.936
1. 持続性				0.001	0.008	0.068	−0.011	−0.104	−0.824
2. 経営幹部							−0.008	−0.152	−0.856
2. アントレプレナー							−0.018	−0.323	−1.891
2. チャレンジャー							−0.002	−0.034	−0.201
2. 自立							0.014	0.175	1.152
2. スペシャリスト							0.004	0.058	0.366
2. 安定指向							0.007	0.110	0.689
2. 私生活重視							−0.012	−0.215	−1.453
2. 社会奉仕							0.007	0.083	0.726
調整済みR^2	0.014			0.068			0.104		
F値	1.287			1.818			1.754 *		
N	128			128			128		

注) **$p<.01$, *$p<.05$
Bは非標準化係数, βは標準化係数を表す

表5.5 目標の分離との重回帰分析結果

	Step1 B	Step1 β	Step1 t値	Step2 B	Step2 β	Step2 t値	Step3 B	Step3 β	Step3 t値
統制変数									
男性ダミー	0.259	0.133	1.331	0.222	0.114	1.093	0.374	0.193	1.750
年齢	−0.007	−0.041	−0.323	−0.005	−0.029	−0.226	0.001	0.007	0.053
在籍年数	−0.022	−0.057	−0.474	−0.027	−0.070	−0.571	−0.054	−0.142	−1.097
転職ダミー	0.114	0.047	0.426	0.062	0.026	0.231	0.046	0.019	0.166
管理職ダミー	−0.420	−0.179	−1.534	−0.371	−0.159	−1.341	−0.195	−0.083	−0.701
営業ダミー	0.214	0.117	1.274	0.240	0.132	1.429	0.281	0.154	1.625
1. 主体性				−0.001	−0.014	−0.095	0.015	0.144	0.743
1. 協調性				0.013	0.132	0.977	0.027	0.286	1.602
1. 外向性				−0.009	−0.093	−0.799	−0.002	−0.015	−0.114
1. 変革性				−0.012	−0.115	−0.885	−0.012	−0.113	−0.799
1. 持続性				−0.019	−0.191	−1.614	−0.011	−0.115	−0.899
2. 経営幹部							−0.024	−0.447	−2.480*
2. アントレプレナー							0.005	0.102	0.587
2. チャレンジャー							−0.007	−0.112	−0.642
2. 自立							0.003	0.037	0.240
2. スペシャリスト							−0.020	−0.327	−2.023
2. 安定指向							0.001	0.011	0.067
2. 私生活重視							0.004	0.079	0.527
2. 社会奉仕							−0.003	−0.038	−0.328
調整済みR²	0.018			0.040			0.072		
F値	1.385			1.466			1.507		
N	128			128			128		

注) **p＜.01, *p＜.05
Bは非標準化係数, βは標準化係数を表す

2-4　目標の分離因子

　従属変数に「目標の分離」を用いた重回帰分析の推定結果は，表5.5に示す通りである。Step 1 からStep 3 まで，いずれのモデルでも説明力は確認されなかった。Step 3 のモデルの説明力はないが，個別の項目として見るとキャリアタイプの経営幹部（$\beta = -.447$）のみがマイナス傾向で5％水準の有意な影響を与えていた。

3　距離をとる行動に影響を与える要素

　本章では，心理的距離をとる行動の「汎用スキルの形成」，「意思の表示」，「対人関係のコントロール」，「目標の分離」の4つの因子を規定する要因を探るため分析を行ってきた。詳細を確認するため，個人の属性，性格特性，キャリアタイプを使って重回帰分析を行った。その結果，有意な関連が見られた変数は，図5.2の通りとなった。

　「距離を置き保つ」行動の「汎用スキルの形成」は，先行変数として個人の属性の影響は見られなかった。一方で，性格特性の変革性がプラスの影響，持続性がマイナスの影響を与えていた。キャリアタイプでも，4つの変数の影響が見られたが，この中の1つ，安定指向の変数のみマイナスの影響を与えていた。これは性格特性の2つの要素にも共通した傾向であり，持続性を好む性格や安定性を好むキャリアタイプを持つ個人はマイナスの影響，逆に変革性を好む性格を持つ個人にとってはプラスに働くということが確認できた。

　「意思の表示」については，個人の属性の営業ダミーがマイナスの影響を与えていた。この結果から，会社に対しての意思表示は，営業職と比較すると専門職の方が積極的に働きかけ，影響を及ぼす可能性を持っている

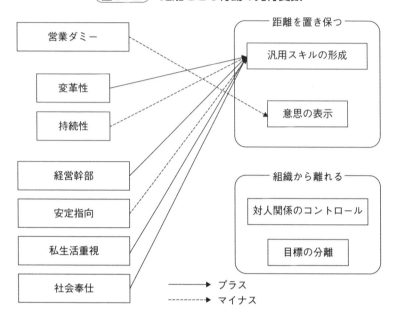

図5.2 距離をとる行動の先行変数

ことが明らかになった。

　心理的距離をとる行動の中の「組織から離れる」行動は，個人の属性，性格特性，キャリアタイプ，どの変数からも影響を受けていないことが明らかになった。これらの結果から，本章で設定した研究課題のうち，【研究課題3】「年齢や転職経験の有無なども含めた個人の属性は，『組織から離れる』行動と，『組織と距離を置き保つ』行動を強化する影響を持つのだろうか。」については，今回の調査では転職経験や年齢による影響はないという結果になった。

　さらに，【研究課題4】「個人の性格特性は，『組織から離れる』行動と，『組織と距離を置き保つ』行動に何らかの影響を与えているのか。」については，「汎用スキルの形成」に対して変革性や持続性がそれぞれプラスと

マイナスの影響を与えていた。それ以外の3つの要素については，個人の性格特性は関係ないことが明らかになった。

同様に，【研究課題5】「個人のキャリアタイプは，『組織から離れる』行動と，『組織と距離を置き保つ』行動に何らかの影響を与えているのか。」についても，「汎用スキルの形成」に対しての影響が確認された。個別の変数では，経営幹部，私生活重視と社会奉仕がプラスの影響を持ち，安定指向がマイナスで有意な影響を持つことが確認された。

4 結果の考察

本章では，心理的距離をとる行動の4つの因子，「汎用スキルの形成」，「意思の表示」，「対人関係のコントロール」，「目標の分離」について，影響を与えている要因を探るため，個人の属性，性格特性，キャリアタイプを使って分析を行ってきた。その結果，以下の3点が明らかになった。

第一に，個人の属性として，性別，年齢，在籍年数，転職経験，管理職か否か，職種を用いて分析を行った。その結果，距離をとる行動の1つ「距離を置き保つ」行動の2つの因子のうち，「意思の表示」について専門職の影響が確認されたが，年齢や転職経験との関連は見られなかった。第1章では，従業員の意識変化として，長期雇用を前提としていない正社員の存在や，転職に否定的ではない若年層の存在が示されていた。そのため，年齢や転職経験が心理的距離をとる行動に何らかの影響を与えている可能性も考えられたが，今回の分析結果では関連が見られなかった。

第二に，「組織から離れる」行動の2つの因子「対人関係のコントロール」と「目標の分離」は，個人の属性，性格特性，キャリアタイプの影響を受けていないことが明らかになった。第2章で行った定性調査で導き出

した「キャリア中期の正社員から見た組織との関係性調整プロセス」では，経験から認知が形成され行動に結びついていた。そのプロセスでは，距離をとる行動には組織での経験が大きく影響をしていることが確認されていた。今回の定量調査と結びつけて考えると，心理的距離をとる行動の「組織から離れる」行動は，個人の属性や性格よりも，組織内での経験による影響が大きい可能性が示唆される結果となった。

　第三に，心理的距離の「組織と距離を置き保つ」行動の1つ，「汎用スキルの形成」に関しては，性格特性及びキャリアタイプに有意な傾向が見られた。他の会社でも通用するスキルを習得するため時間を費やすことや意識的に努力することで汎用的なスキルを身につける行動は，変革性を好む性格が影響していることが明らかになった。また，持続性を好む性格の持ち主や，安定的なキャリアタイプを持つ個人にはマイナスの影響が確認されたことに鑑みると，変化を良いことと考えない性格や，安定的なキャリアタイプを持つ個人にとって，「汎用スキルの形成」は，取り組むことが難しい行動の1つであることが明らかになった。

　一方で，3つのキャリアタイプについてプラスに有意な影響が確認できたが，「経営幹部」，「私生活重視」，「社会奉仕」の共通点は，今回の分析結果のみでは明らかにできないため，これらの関連については，改めて探究をしていく必要がある。しかし，実際の仕事体験から形成される特性を持つキャリア・アンカー（Schein, 1978）と同様に，キャリアタイプには，仕事経験が影響をしていると考えることができる。第2章の質的調査の結果で明らかとなった，心理的距離の調整プロセスと共通し，仕事経験が個人のキャリアタイプに何らかの影響を与え形成されている可能性はある。それが認知の変化に結びつき行動に現れ，「汎用スキルの形成」に影響を与えているとも考えられる。そういった視点から考えると，心理的距離をとる行動には，組織内で個人が経験する内容が大きく影響をしているとも

いえる。この点については，まだ推測段階であるため，今後の検討が必要である。

結 章

結論と今後の課題

本書の目的は，個人と組織の関係性について，組織の成員である個人の心理的な変容と行動に着目して探究をすることであった。関係性を捉えるにあたり，個人が組織に対して抱く心理的距離の作用を明らかにし，その影響について検討してきた。結章では，本書において進めてきた議論と，実証研究で明らかになった発見事実について改めて整理し，その理論的含意と実践的含意を示す。そのうえで，今後の研究の方向性について提示をする。

1 要約と結論

　序章では，組織との関係性について問題意識を持つに至った経緯として，2000年代に入り注目されてきた個人像について整理をし，能動的に考え組織を依存対象ではなく対等なものとして捉え，会社組織の外の世界に人的ネットワークを構築するという特徴を提示した。そのうえで，日本の労働市場に目を向け，転職が一般的なものとして広がりを見せていることや，企業の人事処遇や内部労働市場の変化について説明を行った。また，日本的雇用システムの1つである終身雇用の見直しが話題にあがるなど，新たな動きが見え始めていた。

　このような変化の兆候がある中，企業に勤める正社員に注目をすると，大企業を中心とした長期雇用慣行は継続傾向にあり，転職率も安定的に推移している現状があった。しかし，年功的処遇の変更に加え終身雇用制度の見直しなど，正社員の置かれる立場は，2000年代に入り大きく変化しただけではなく複雑化していた。そのような状況下，職場の一体感や人間関係に陰りが見られるなど，個人の意識にも変化が起きている可能性が示唆されていた。

　第1章では，日本における働き方の潮流を捉えたうえで，正社員から見

た組織との関係性に注目し，EORの既存概念のレビューを行ってきた。既存概念を整理すると，古典的EOR概念では，個人の受動的な側面や態度に焦点を当てていることが見えてきた。個人観としては，受け身の姿勢，受動的な個人をベースにした概念が多く見受けられ，積極的な個人の意思や行動にはほとんど注目をしていない，組織観も安定的で変化については触れられていないという共通点があった。2000年代に入ると，能動的に考え行動する個人を描く概念も出始めてきたが，組織を身近に感じることが個人と組織の両者にとって良好な関係性を築くには必要であり，組織から離れることはネガティブな意味を持つという暗黙知が存在していた。

　レビューを通して，変化の過渡期にある個人の存在，特に組織に一体感を持つことができない，帰属することに安心感を得られない個人は組織の中でどのような存在として捉えることができ，その両者の関係はどのようなものなのか，既存概念では十分に説明できない可能性が明らかになった。

　次に，心理的距離のバリエーションについて先行研究レビューを行った。その結果，対人関係を描く心理的距離は，多くの分野への応用が試みられていた。一方で，定義が曖昧で多様な測定方法が用いられていた。実証研究では，測定内容に一貫性がなく，心理的距離と心理的な距離のとり方が混在し，両者が交じり合っているという課題が指摘されていた。

　組織行動論の分野においても，個人と組織の関係性を心理的距離の尺度によって説明することの必要性が問われていたが，実際には組織側の立場から運用を考えた測定尺度を開発するという視点であり，尺度の詳細や影響，現象特性については明らかにされていない段階であった。

　以上のレビューから，組織行動論のEOR分野，個人から見た組織との関係性から心理的距離に注目した研究は，ほとんど存在しておらず，本研究分野において，心理的距離に注目して現象特性を捉えるためには，概念としての内容や種類についての検討が必要であることが明らかになった。

このような形で，日本における雇用環境の変化を踏まえたうえで，EOR概念のレビューと心理的距離の既存研究の整理を行ってきた。そのうえで，個人と組織の関係性について心理的距離に注目して探究するにあたり，2つの研究課題を設定した。改めて研究課題を示したうえで，結果を以下に要約する。

【研究課題1】
個人と組織の間には心理的距離が存在しているのか。存在していた場合，分類は可能なのか。

【研究課題2】
心理的距離に種類があり分類できた場合，それらが個人と組織の関係性にどのような影響を及ぼすのか。

　第2章では，質的調査法を，第3章では，量的調査法を用いて実証研究を行った。インタビュー調査をもとにした定性分析の結果，対人関係を説明する概念として研究が進められてきた心理的距離は，個人と組織の間にも存在し，その内容は1つではなく分類できることが明らかになった。個人は組織の中での経験から，会社に対して近い・遠いといった感情を抱く。これが認知レベルでの心理的距離として，組織との関係性を考えるうえで大きな影響を与えていた。また，経験がもとになり新たな認知が形成され，それが心理的距離をとる行動へと結びつくというプロセスが明らかになった。
　現象特性に注目すると，この認知レベルの心理的距離は，経験から得られる受動的なものであるという特徴があった。一方，行動レベルの心理的距離をとる行動は，個人が能動的に考え，意識的に実践しているという特

徴が見られた。これにより，個人と組織の間には，心理的距離が存在すること，さらに，認知レベルと行動レベルに分類できることが確認された。これに加え，心理的距離は組織に所属する限り，経験により置き換えられ変化するという特徴も明らかになった。

　第4章では，このように定性調査で明らかになった行動レベルの心理的距離をもとに，定量調査を実施した。心理的距離をとる行動の尺度を作成しサーベイデータを用いた分析の結果，心理的距離をとる行動は，4つの因子に分類された。この4因子を用いて行った分析結果から，心理的距離をとる行動は，「汎用スキルの形成」と「意思の表示」からなる「組織と距離を置き保つ」行動と，「対人関係のコントロール」と「目標の分離」からなる「組織から離れる」行動の2つのカテゴリーがあり，それぞれ個人と組織の関係性に与える影響が異なることが明らかになった。

　具体的には，「組織と距離を置き保つ」行動は，仕事・キャリア満足度や自己効力感，キャリア成熟度にポジティブな影響を持ち，組織との関係性という側面から考えると，両者にとって良好な関係性構築には有用であることが確認された。一方，「組織から離れる」行動は，離職意図を高める影響や，仕事・キャリアの満足度や人間関係の満足度にネガティブな影響を持つことが明らかになった。

　第5章では，心理的距離をとる行動の4つの因子を用いて心理的な距離をとる行動の先行要因を確認するため，重回帰分析を行った。ここで改めて，設定した3つの研究課題を提示し，以下に結果をまとめる。

【研究課題3】
　年齢や転職経験の有無なども含めた個人の属性は，「組織から離れる」行動と，「組織と距離を置き保つ」行動を強化する影響を持つのだろうか。

【研究課題４】
　個人の性格特性は，「組織から離れる」行動と，「組織と距離を置き保つ」行動に何らかの影響を与えているのか。

【研究課題５】
　個人のキャリアタイプは，「組織から離れる」行動と，「組織と距離を置き保つ」行動に何らかの影響を与えているのか。

　以上3つの研究課題を設定したうえで，心理的距離をとる行動の先行要因について探究を進め，分析を行った結果，心理的距離をとる行動の測定尺度である「汎用スキルの形成」，「意思の表示」，「目標の分離」，「対人関係のコントロール」の4つの因子は，性別や年齢，転職経験をはじめとした個人の属性からの影響をほぼ受けていないということが明らかになった。同様に，性格特性やキャリアタイプの影響もなかった。
　以上の分析から，個人にとって組織内での経験が，その後の心理的距離をとる行動に大きな影響を与えていることが確認された。この結果は，定性分析で明らかになった結果図のプロセスとも共通する特徴であり，個人と組織の間に存在する心理的距離の大きな特徴の1つであることが明らかになった。
　「汎用スキルの形成」に関しては，キャリアタイプからの影響が見られたが，キャリアタイプ自体も，経験からの影響を受けていることから，他の因子と同様の傾向があると考えられる。
　個人が組織との関係性を調整するためにとる行動は，個人の属性ではなく，日々の仕事などで組織とかかわりを持つことで実際に体感した経験が強く影響をしているということが示される結果となった。

2 理論的含意

　本書では，組織行動論のEOR研究における概念の整理をしたうえで，既存概念の中に存在する共通した暗黙知と，それらが持つ限界について批判的に検討してきた。そのうえで，組織に対して一体感や安心感を持つことができない個人の存在という現代の日本における課題について，EORの既存概念を用いて検討することの限界を示し，心理的距離という概念を組織行動論の分野に応用して現象特性を説明するという試みであった。ここでは主に本書で提起した心理的距離について結論をまとめる。本書の理論的含意は，以下の4点である。

　第一に，対人関係を中心に研究が進められてきた心理的距離は，個人と組織の間にも存在することが明らかになった点である。EORの既存研究で，言葉の使用として確認することはできたが，ほとんど注目をされていなかった組織から距離をとるという関係性について，その現象特性を捉え，明らかにすることができた。

　この心理的距離の形成には，認知レベルから行動レベルへと結びつくプロセスがあることが確認された。行動レベルの「距離をとる行動」には「汎用スキルの応用」，「意思の表示」，「対人関係のコントロール」，「目標の分離」の4つの因子があり，それぞれ組織との関係性に異なる影響を与えることが明らかになった。

　第二に，個人が組織と心理的距離をとる行動に注目し，個人と組織の関係性に新しい可能性を提示することができた点である。組織行動論のEOR研究では，組織との同一化や一体感など個人が組織に合わせていく認知的な側面に注目が集まっていた。また，乖離や分離という形で，組織から離れていくことは，両者にとってネガティブな影響を与えるという関

係性として描かれていた。

　しかし，組織の中での経験が，個人に不安を与え迷いが生じる要因になった場合にも，両者にとって良好な関係性を継続していく可能性について実証的に検討し，新たな側面を提示することができた。雇用環境が変化し始めているという過渡期を迎えている日本企業や従業員にとって，ほとんど注目をされてこなかった距離をとる行動について新しい側面としてポジティブな効果を提示することができたことは，本書における貢献の1つであると考える。

　第三に，今回の分析から，心理的距離をとる行動は，個人の属性や性格特性，キャリアタイプよりも，経験による影響が大きいことが明らかになった。組織に所属する個人にとって，日常の出来事から，近い・遠いといった形で心理的距離を抱く経験をすること自体は避けて通れないものである。そういった経験が認知レベルの心理的距離に結びつき，どのような形で「距離をとる行動」へと変化していくのかについて，具体的なプロセスも含め示すことができた。また，それぞれの行動がもたらす影響についても明らかにすることができた。これら詳細を提示したことによって，個人と組織の両者にとっての関係性をポジティブな方向に導くための示唆を与えることができたといえる。

　第四に，心理的距離をとる行動は，新たな働き方の兆しが読み取れる現象特性を持っていたことである。序章で提示した個人の働き方の潮流では，能動的に考え行動し組織を対等なものとして捉えている，社内外にネットワークを構築している，といった共通点が見られた。今回の分析結果で明らかになった心理的距離をとる行動の中にも，自らの意見を組織に伝えることや，社内外に通じる汎用スキルを形成するなど，個人の働き方の潮流に共通する動きが存在していた。

　また，これらの距離をとる行動は，個人の満足度や自己効力感，キャリ

ア成熟度にポジティブな影響を与えていることが確認された。組織に所属することが前提となる正社員においてもこのような能動的な距離をとる行動が確認されたことは，これからのEOR研究において，個人と組織の関係性を捉えていくために重要な視点であると考える。

3 実践的含意

　ここでは，本書における発見事実が持つ実践的含意について検討する。本書の目的意識の萌芽は，従業員が抱く組織に対する心的な感情についてのアンケート結果やデータから，実務の現場で起きている変化の兆候について注目したことに起因している。会社に一体感を持つことに対する不安や，組織と同一化することができない個人が存在するという現状を踏まえ，彼・彼女らがどのような形で組織との関係性を構築しているのかという問題意識のもと，探究を行ってきた。分析結果を踏まえ，まずは，本書の主体として捉えていた個人の立場から，実践に対して持つ意義について説明を試みる。

　第一に，心理的距離をとる行動の持つ，個人と組織の良好な関係性維持のための具体的な側面を示すことができたことである。序章で述べたように，過渡期にある日本において，長期雇用が前提とされてきていた正社員であっても，自らの働き方を再考する必要が出てきている。また，今回の分析結果から，個人と組織に対してネガティブな結果を招く兆候についても確認することができた。

　これらの行動特性や心理的距離をとる行動に至るプロセスを提示することで，従業員が組織に対して心理的距離を抱く経験をした場合，その関係性を調整するための方法として，組織と距離を置き保つ行動が有効であることが確認できた。組織の中で個人がとる行動を具体的に示すことができ

たことは，本書における実践的な意味での貢献の1つであると考える。組織の中での様々な経験により，不安を感じ気持ちがゆらぐ状況に陥ったとしても，その状況を自らの行動によって脱却し，組織と新たな関係性を築くことが可能であるプロセスの提示は，組織に所属する個人にとって意味を持つ結果であると考える。

　しかし，このプロセスを個人が自ら意識的にコントロールできるようになることが，実は難しく，大きな課題である。自らが企業との関係性を構築するためにどのように行動すればいいのか，正社員であっても受け身の姿勢ではなく，能動的に考えそれを行動として示すことが求められている。組織との関係性を良好に保つためには，個人が意識的に考え行動することの意味について改めて注目をしていくことが必要である。

　第二に，組織と距離をとる行動は，個人にとっても必要な要素を持っているという点である。ネガティブなこととして捉えられていた，組織に対して一体感を持つことができない，帰属することに安心感を得られない従業員の行動に注目した結果，距離をとる行動から，組織との関係性に対するポジティブな影響が確認できた。個人が組織との関係性をどのように構築していくことが必要なのか，具体的な行動を提示できたことに加え，認知レベルでの心理的な距離を抱く経験自体は，否定する必要はなく，組織に所属する従業員であれば誰もが抱くことも明らかになった。また，組織との関係性を良好に保つためには，その心理的距離をどのように認知し，行動に移すことが必要なのか，心理的距離のパターンを提示し分類することができた。この結果は，個人と組織，両者にとって長期的な関係性構築のために活用できると考える。

　第三の視点は組織側からである。心理的距離の「組織から離れる」行動に至った従業員に対して，組織が新たな経験を得る機会を提供することで，距離をとる行動が置き換わる可能性がある。組織に対して同一化や一体感，

帰属意識を持つことに迷いが生じている兆候を従業員の中に感じ取った場合にも，心理的距離が経験によって変化する特性を活かして，自分自身のやりがいを見出すなど，俯瞰して見る目を持つことにより，新たな関係を築くことが可能である。そのためには，業務遂行に直接関わる能力開発のみならず，従業員自らが興味関心を持っている汎用的なスキル取得の機会の提供や時間的支援，個人が積極的に意見を出し話し合える環境づくりなどの取り組みが求められる。一方で，企業理念の共有や時間外を利用した従業員の交流機会の提供については，取り組み内容も含め，再検討する必要がある。

このような形で，組織側の既存の対応・取り組みを見直す機会や再評価することが大切な意味を持ち，これからの従業員との関係性構築には必要になるだろう。新たな認知の形成に結びつく経験を，組織が意図的に提供することが重要になる。本書では，この取り組みが両者にとって良好な関係性へと変化することが示唆される結果を得ることができた。

4 課題と今後の展開

ここでは，本書における限界について触れる。

第一に，インタビューで求められた定性調査の結果は，キャリア中期の正社員を対象としたものであった。そのため，結論の過剰な一般化はすべきではない。また，今回は特定企業の従業員のうち，正社員データのみを使用する調査デザインを用いた。そのため，今後は，横断的調査に基づく分析も含めて，長期雇用を前提としない雇用形態のもとで働く個人や，新卒一括採用を前提とした伝統的な日本型の雇用形態を踏襲している企業も対象にすることなど，さらなる調査と検証が必要である。キャリア初期や後期など経験値の違いや，正社員以外の雇用形態で働く個人を対象とする

ことで，より汎用的な理論形成が可能になるだろう。

　第二に，心理的距離をとる行動の尺度の精度向上の必要性である。本書では個人と組織の関係性においても心理的距離は存在するのか探索的に議論を進めてきた。そのため，心理的距離の測定尺度の生成自体が大きな目的ではなかったが，心理的距離尺度の因子変数が2つから3つであるため，信頼性係数が低めの因子も見られた。今回は，探索的に分析検討を進めていくことを目的としていたため，$α$係数が高いことだけが尺度の良し悪しを決める訳ではないと考え使用をした。また，因子相関の値が定性分析の結果と共通していることからも，作成した尺度で測定した結果を用いて探索することが必要と考えた。さらに，探索的に現象特性を検討することを目的としたため，既存概念も含め多くの質問項目についての回答を得る必要があった。そのため，アンケート回答の時間に配慮が必要となり，質問項目の設定数に限界があったことも影響を与えていた。

　しかし，今後，質問項目の追加や再調査なども含め，尺度の精度を向上させる取り組みが必要である。今回の定性調査，定量調査により，個人と組織の間にある心理的距離の存在は確認できた。また，距離をとる行動の現象特性についても明らかにすることができた。これを踏まえ，尺度の精度向上も含め，改めて心理的距離をとる行動の測定尺度について検討を進めていきたい。

　第三に，組織の立場から見ると，一体感や同一化することから安心感を得ることができない個人の存在や心理的距離をとる行動はネガティブなものであるという暗黙知は，まだ日本企業の中に存在していると思われる。そのため，本書では個人に焦点を当て議論を進めてきたが，組織側の立場から見た心理的距離をとる行動によるポジティブな影響やネガティブな影響についても考慮したうえで探究していく必要がある。

5 結　語

　時代の流れの中で，研究分野のトレンドも変化をする。そういった意味で考えると，組織行動論における概念生成の始まりは，その時代ごとに現場である組織の中で起きている現象を正確に捉え，抽象化していく作業であるといえる。本書では，心理的距離について注目し，その現象特性を捉えたうえで探究してきた。そのきっかけは，組織と距離を取りながらも前向きに関係維持に努めている実務の現場での個人の存在に端を発している。

　1900年代半ば，個人にとって組織の存在は，大きく必要不可欠なものであった（Drucker, 1954 ; Whyte, 1956 ; Levinson, 1965）。2000年代に入り，組織を自分自身と対等なものとして捉え，組織の内外に個人自らがネットワークを構築する動きが出始めた（Pink, 2002；Gratton, 2011；Hoffman, Casnocha & Yeh, 2014）。このような形で，個人と組織の関係性は，この半世紀で大きく変化を遂げてきている。

　本書では，この変化を個人の立場から捉え，組織との間に抱く心理的距離という視点から整理してきた。同様のアプローチを用いて組織内で起きている現象に注意深く目を向けることで，新たな関係性が見出される可能性がある。今回明らかになった結果が，今後のEOR研究の新しい展開の1つになることを期待しつつ，本書を閉じたい。

付録　調査測定尺度一覧

<（1）組織コミットメント　7件法＞
1. 私は社外の人と，自分の会社の話をすることが楽しい
2. 私は自分の会社の問題を，まるで自分の問題のように感じる
3. 私はこの会社を，家族のように感じていない（R）
4. 私はこの会社に，愛着を感じていない（R）
5. 私はこの会社の一員であるという，強い帰属意識を持っていない（R）
6. 今この会社を辞めたら，私の生活の中で多くのことが混乱するだろう
7. 今この会社を辞めることは，私にとって大きな損失ではない（R）
8. 私はこの会社を辞めることを全く考えていない
9. この会社にいるのは，他に良い働き場所がないからだ
10. 私は近年，働く人たちが転職し過ぎだと思う
11. 会社から会社へ渡り歩くことは，倫理に反することではない（R）
12. もし条件のいい転職機会があっても，私は今の会社を去ることはないと思う
13. キャリアを1つの企業で全うすることは，良いことである

<（2）組織アイデンティフィケーション　5件法＞
14. 誰かが私の会社を批判すると，自分自身の屈辱のように感じる
15. 私は自分の会社について，他の人たちがどう思っているのかとても興味がある
16. この会社の成功は，私自身の成功だ
17. 誰かがこの会社を褒めると，自分が褒められているように感じる

<（3）ディスアイデンティフィケーション　5件法＞
18. 私はこの会社の一員であることを，恥ずかしく思う
19. この会社はひどいことをしている
20. 私は人に会うとき，働いている会社を秘密にすることを心がけている
21. 私はこの会社の不名誉なことを見つけた
22. 私はこの会社の行いに同意できていないことを，人々に知ってもらいたい
23. 私はこの会社の中で行われていることを恥ずかしく思う

<（4）離職意図　5件法＞
24. 私はこの会社にずっと勤めていたい（R）
25. 機会があれば他の会社に転職してみたい

26. 今までに，一度はこの会社を辞めることを考えたことがある

<（5）満足度　5件法＞
27. あなたは現在の仕事や働き方にどれくらい満足していますか。
　　a．収入　b．人事評価　c．労働時間　d．休日・休暇　e．仕事の量
　　f．仕事の内容　g．仕事上の地位や権限　h．職場の人間関係
　　i．上司との関係　j．雇用の安定性
　　k．仕事に役立つ能力や知識を身につける機会　l．キャリアの見通し
　　m．総合的な満足度

<（6）自己効力感　10件法＞
28. 自分の仕事にまつわる日常的な様々な問題を上手く扱う自信がある
29. 周りからの自分の役割に対する期待や要求に対してしっかりと応える自信がある
30. 同僚や職場からとても受け入れられているという自信がある
31. 組織の価値観や規範・ルール（明示的なもの，暗示的なもの両方）に沿って，役割を果たせる自信がある

<（7）キャリア成熟度　5件法＞
32. 自分から進んで，どんな人生を送っていくのか決めている
33. 人生で難しい問題に直面しても，自分なりに積極的に解決していく
34. これからの人生を通して，さらに自分自身を伸ばして高めていきたい

<（8）心理的距離をとる行動　5件法＞
35. 会社や組織で考えの相違があった時，自分の意見を発言する
36. 無批判に前例を踏襲したり周囲の空気を読み過ぎたりせず，自分がやるべきことを実践するようにしている
37. 上司やメンバーの意向を考え，場を乱さないように気を遣いながら行動している（R）
38. 様々な人と交流するため，会社以外の仲間との付き合いを意識的に広げている
39. 仕事に直接関係ない社内イベントへの参加はあまりしないようにしている
40. 終業後や休日でも会社の人たちと交流する時間を取るようにしている（R）
41. 人事異動などキャリア上の変化に関しては会社側の意図を確認し，納得できない場合はその旨を伝えるようにしている
42. 今の会社で実現可能かにとらわれることなく，自分の将来の夢を上司や同僚に話している
43. 今の会社以外でキャリアを築くことは考えられない（R）

44. 企業理念をそのまま受け入れるのではなく，自分自身の視点・考えを持っている
45. 会社が設定した仕事上の目標と自分の人生の目標とを，別物として切り離して捉えている
46. 会社や組織の目標が自分自身の目標になることは当たり前である（R）
47. この会社でしか通用しないスキル・知識だけでなく，様々なスキル・知識を自ら獲得するように努力している
48. 他の会社でも通用するようなスキル・知識を習得することに，ある程度の時間を費やすようにしている
49. よそではなくこの会社の仕事において求められるスキル・知識の習得に専念している（R）

注）（R）は逆転項目

<参考文献>

Abegglen, J. C. (2004). *21st Century Japanese Management:* New Systems, Lasting Values. (山岡洋一訳『新・日本の経営』日本経済新聞社, 2004).

阿部誠 (2015).「解釈レベル理論とマーケティング―解釈レベル理論のモデル化」『マーケティング・サイエンス』23, 1, 1-9.

Allen, N. J. & Meyer, J. P. (1990). The measurement and antecedents of affective, continuance and normative commitment to the organization. *Journal of Occupational Psychology, 63, 1,* 1-18.

Allinson, C. W., Armstrong, S. J. & Hayes, J. (2001). The effects of cognitive style on leader-member exchange: A study of manager-subordinate dyads. *Jurnal of Occupational & Organizational Psychology, 74,* 201-220.

安藤史江 (2001).『組織学習と組織内地図〈南山大学学術叢書〉』白桃書房.

Arthur, M. B. & Rousseau, D. M. (1996). The boundaryless career as a new employment principle, in Arthur, M.B. and Rousseau, D. M. (Ed.), *The Boundaryless career: A New Employment Principle for a New Organizational Era,* 3-20, NY: Oxford University Press.

Ashford, S. J. & Black, J. S. (1996). Proactivity during organizational entry: The role of desire for control. *Journal of Applied Psychology, 81, 2,* 199-214.

Ashforth, B. E. & Mael, F. (1989). Social identity theory and the organization. *The Academy of Management Review, 14, 1,* 20-39.

Ashforth, B. E. (2001). *Role transitions in organizational life: An identity-based Perspective,* NJ: Lawrence Erlbaum Associates.

Bandura, A. (2001). The changing face of psychology at the dawning of a globalization era. *Canadian phychology, 42,* 12-23.

Becker, H. S. (1960). Notes on the concept of commitment. *The American Journal of Sociology, 66, 1,* 32-40.

Caplan, R. D. (1987). Person-environment fit theory and organizations: Commensurate dimensions, time perspectives, and mechanisms. *Journal of Vocational Behavior, 31, 3,* 248-267.

Chen, H. & Li, S. (2018). Measuring the psychological distance between an organization and its members -The construction and validation of a new Scale. *Organizational Psychology: Frontiers in Psychology, 8,* 1-15.

Cohen, A. (2007). Commitment before and after: An evaluation and reconceptualization of organizational commitment. *Human Resource Management Review, 17, 3,* 336-354.

Coyle-Shapiro, J. A-M. & Shore, L. M. (2007). The employee-organization relationship: Where do we go from here? *Human Resource Management Review, 17, 2,* 166-179.

Drucker, P. F. (1954). *The practice of management.* NY: Harper & Row, Publishers, Inc.（上田惇夫訳『マネジメント 上』ダイヤモンド社, 2008）.

Edwards J. R. (1991). Person-job fit: A conceptual integration, literature review and methodological critique. in Cooper C. L. & Robertson I. T. (Ed), *International review of industrial and organizational psychology, 6,* 283-357 Oxford, England: John Wiley & Sons.

Elsbach, K. D. (1999). An expanded model of organizational identification. In Sutton R. I. & Staw B. M. (Ed.), *Research in organizational behavior, 21,* 163-199. US: Elsevier Science/JAI Press.

Elsbach, K. D. & Bhattacharya, C. B. (2001). Defining who you are by what you're not: Organizational disidentification and the national rifle association. *Organization Science, 12, 4,* 393-413.

Festinger, L. (1957). *A theory of cognitive dissonance.* CA: Stanford University Press.（末永俊郎訳『認知的不協和理論』誠信書房, 1965）.

Fromm, E. (1941). *Escape from Freedom.* Franz J. Horch Associates Agency.（日高六郎訳『自由からの逃走』東京創元社, 2017）.

藤井恭子（2004）.「青年期の友人関係における心理的距離に関する研究動向と発達的意義」『愛知教育大学教育実践総合センター紀要』*7,* 279-288.

二神枝保（2004）.『人材の流動化と個人と組織の新しい関わり方〈普及版〉』多賀出版.

Glaser, B. G. & Strauss, A.L. (1965). *Awareness of Dying.* NY: Aldine De Gruyter.（木下康仁訳『死のアウェアネス理論と看護』医学書院, 1988）.

Glaser, B. G. & Strauss, A.L. (1967). *The Discovery of Grounded Theory.* NJ: Aldine Transaction.（後藤隆・大出春江・水野節夫訳『データ対話型理論の発見』新曜社, 1996）.

Grant, A. M. & Ashford, S. J. (2008). The dynamics of proactivity at work. *Research in Organizational Behavior, 28,* 3-34.

Gratton, L. (2011). *The shift.* NY: Harper Collins Business.（池田千秋訳『ワーク・シフト：孤独と貧困から自由になる働き方の未来図〈2025〉』ダイヤモンド社, 2012）.

Gruman, J. A., Saks, A. M. & Zweig, D. I. (2006). Organizational socialization tactics and newcomer proactive behaviors: *An integrative study Journal of Vocational Behavior, 69,1,* 90-104.

Hall, D.T. (1996). Protean careers of the 21st century. *Academy of Management*

Executive, 10, 8-16.
Hall, D.T.（2002）. *Protean careers in and out of organizations*. CA: Sage.
Hall, E.（1966）. *The Hidden Dimension*. NY: Doubleday & Co.（日高敏隆・佐藤信行訳『かくれた次元』みすず書房, 1970）.
服部泰宏（2008）.「転職経験による心理的契約の異同に関する研究」『経営行動科学』*21, 3*, 229-237.
服部泰宏（2011）.『日本企業における心理的契約：組織と従業員の見えざる約束』白桃書房.
服部泰宏（2013）.「心理的契約研究の過去・現在・未来」組織学会編『組織論レビューⅠ 組織とスタッフのダイナミズム』147-191, 白桃書房.
服部泰宏（2016）.「人材管理の基底としての個人─組織関係：欧米における研究の系譜と日本型マネジメントへの示唆」『横浜経営研究』*37, 1*, 85-109.
服部泰宏・林有珍（2015）.「心理的契約不履行の効果のバリエーションに関する研究」『山梨学院大学現代ビジネス研究』*8*, 97-112.
Heath, C. & Sitkin, S. B.（2001）. Big-B versus Big-O: What is organizational about organizational behavior? *Journal of Organizational Behavior, 22*, 43-58.
Hoffman, R., Casnocha, B. & Yeh, C.（2014）. *The alliance*. MA.: Harvard Business Review Press.（篠田真貴子監訳『Alliance 人と企業が信頼で結ばれる新しい雇用』ダイヤモンド社, 2015）.
池田心豪（2017）.「日本的雇用システムと女性─管理職昇進を中心に」（独）日本労働政策研究・研修機構編『JILPT第3期プロジェクト研究シリーズNo.4 日本的雇用システムのゆくえ』20-94, 日本労働政策研究・研修機構.
井上祐珠・阿久津聡（2015）.「「特性」としての解釈レベルを考える─BIF尺度に注目して」『マーケティングジャーナル』*34, 3*, 83-97.
木下康仁（2003）.『グラウンデッド・セオリー・アプローチの実践』弘文堂.
木下康仁（2005）.『分野別実践編 グラウンデッド・セオリー・アプローチ』弘文堂.
小玉一樹（2011）.「組織同一視と商務態度・行動との関連性─組織コミットメントとの弁別性に着目して」『人材育成研究』*6, 1*, 55-56.
小玉一樹（2017）.『組織アイデンティフィケーションの研究』ふくろう出版.
厚生労働省（2017）.「平成28年雇用動向調査結果の概要」（http://www.mhlw.go.jp/toukei/itiran/roudou/koyou/doukou/17-2/dl/gaikyou.pdf）.
Kreiner, G. E. & Ashforth, B. E.（2004）. Evidence toward an expanded model of organizational identification. *Journal of Organizational Behavior, 25*, 1-27.
Kristof, A. L.（1996）. Person-organization fit: An integrative review of its conceptualizations, measurement, and implications. *Personnel Psychology, 49, 1*, 1-49.

Latham, G. P. (2009). *Work Motivation History, Theory, Research, and Practice*. (金井壽宏監訳『ワークモチベーション』NTT出版, 2009).

Levinson, H. (1965). Reciprocation: The relationship between man and organization. *Administrative Science Quarterly, 9, 4*, 370-390.

Levinson, H., Price, C. R., Munden, K. J., Mandl, H. J. & Solley, C. M. (1962). *Men, management, and mental health*. MA: Harvard University Press.

Liberman, N. & Trope, Y. (2010). Construal-level theory of psychological distance. *Psychological Review, 117, 2*, 440-463.

Liberman, N. & Trope, Y. (2014). Traversing psychological distance. *Trends in Cognitive Sciences,18, 7*, 364-369.

Mael, F. & Ashforth, B. E. (1992). Alumni and their alma mater: A partial test of the reformulated model of organizational identification, *Journal of organizational behavior, 13, 2*, 103-123.

Meyer, J. P. & Allen, N. J. (1991). A three-component conceptualization of organizational commitment. *Human Resource Management Review, 1, 1*, 61-89.

Meyer, J. P. & Allen, N. J. (1997). *Commitment in the workplace: Theory, research, and application*. CA: Sage.

Meyer, J. P. & Herscovitch, L. (2001). Commitment in the workplace: Toward a general model. *Human Resource Management Review, 11, 3*, 299-326.

Meyer, J. P., Becker, T. E. & Vandenberghe, C. (2004). Employee commitment and motivation: a conceptual analysis and integrative model. *Journal of Applied Psychology, 89, 6*, 991-1007.

守島基博 (2001).「内部労働市場論に基づく21世紀型人材マネジメントモデルの概要」『組織科学』 *34, 4*, 39-52.

守島基博 (2006).「ホワイトカラー人材マネジメントの進化」伊丹敬之・藤本隆宏・岡崎哲二・伊藤秀史・沼上幹編『日本の企業システム第Ⅱ期・第4巻組織能力・知識・人材』269-303, 有斐閣.

Morrow, P. C. & McElroy, J. C. (1987). Work Commitment and Job Satisfaction over Three Career Stages. *Journal of Vocational Behavior, 30*, 330-346.

Mowday, R. T., Steers, R. M. & Porter, L. W. (1979). The measurement of organizational commitment. *Journal of Vocational Behavior, 14, 2*, 224-247.

Nadler, D. A. & Tushman, M. L. (1980). A model for diagnosing organizational behavior. *Organizational Dynamics, 9, 2*, 35-51.

内閣府 (2018).「特集 就労等に関する若者の調査」『平成30年度版 子供・若者白書 (概要)』.

二村英幸 (2009).『個と組織を生かすキャリア発達の心理学―自律支援の人材マネ

ジメント論』金子書房.
西脇暢子（2001）.「コミットメント研究におけるOCQの役割と意義」『京都産業大学論集（社会科学系列）』*18*, 12-28.
信原幸弘（2014）.「他者理解」信原幸弘・太田紘史編『新・心の哲学Ⅰ 認知篇』207-252, 勁草書房.
小川憲彦（2012）.「組織社会化戦術とプロアクティブ行動の相対的影響—入社1年目従業員の横断的データからドミナンス分析を用いて」『法政大学イノベーション・マネジメント研究センターワーキングペーパーシリーズ』*121*, 1-40.
大橋重子（2019a）.「個人と組織の関係性に関する既存概念の再検討—関係性の変化と個人の能動性の視点から」『横浜国際社会科学研究』*23, 3*, 39-56.
大橋重子（2019b）.「個人からみた組織との関係性調整の探索的研究—キャリア中期の正社員を対象とした「距離をとる行動」のバリエーションと影響」『キャリアデザイン研究』*15*, 187-196.
大橋重子（2020）.「個人と組織の心理的距離の研究」横浜国立大学大学院経営学研究科博士論文.
岡田昌毅（2017）.『働くひとの生涯発達心理学—M-GTAによるキャリア研究』晃洋書房.
岡本裕子（1997）.『中年からのアイデンティティ発達の心理学』ナカニシヤ出版.
小野政武（1964）.「階層による考え方のちがい」杉森康二編（1964）.『日本の労働者』197-206, 三一新書.
O'Reilly, C. A., Chatman, J. & Caldwell, D.F. (1991). People and organizational culture: A profile comparison approach to assessing person-organization fit. *Academy of Management Journal, 34, 3*, 487-516.
Pink, D. H. (2002). *Free agent nation: The future of working for yourself.* NY: Warner Books.（池村千秋訳『フリーエージェント社会の到来』ダイヤモンド社, 2002）.
Porter, L. W., Steers, R. M., Mowday, R. T. & Boulian, P. V. (1974). Organizational commitment, job satisfaction and turnover among psychiatric technicians. *Journal of Applied Psychology, 59, 5*, 603-609.
Pratt, M. G. (2000). The good, the bad, and the ambivalent: managing identification among amway distributors. *Administrative Science Quarterly, 45, 3*, 456-493.
Robinson, S. L. & Morrison, E. W. (2000). The development of psychological contract breach and violation: A longitudinal study. *Journal of organizational behavior, 21*, 525-546.
（独）労働政策研究・研修機構（2017）.「日本企業における人材育成・能力開発・キャリア管理」『労働政策研究報告書 No.196』.

Rousseau, D. M. (1989). Psychological and implied contracts in organizations. *Employee Responsibilities and Rights Journal, 2, 2*, 121-139.

Rousseau, D. M. (2000). Psychological contract inventory. *Technical Report Carnegie Mellon University, 2.*

Rousseau, D. M. (2005). *I-Deals: Idiosyncratic Deals Employees Bargain for Themselves*. NY: Routledge.

戈木クレイグヒル滋子（2006）.『グラウンデッド・セオリー・アプローチ』新曜社.

坂柳恒夫（1991）.「進路成熟の測定と研究課題」『愛知教育大学教科教育センター研究報告』*15*, 269-280.

坂柳恒夫（1999）.「成人キャリア成熟尺度（ACMS）の信頼性と妥当性の検討」『愛知教育大学研究報告』教育科学, *48*, 115-122.

佐藤厚（2017）.「企業コミュニティと人材育成・キャリア形成―中小企業を中心に」『日本労働研究雑誌』*59*（9）, 29-42.

Schein, E. H. (1978). *Career dynamics*. MS: Addison-Wesley Publishing.（二村敏子・三善勝代訳『キャリア・ダイナミクス』白桃書房, 1991）.

Schein, E. H. (1980). *Organizational psychology, 3rd edition*. NJ: Prentice-Hall, Inc.（松井賚夫訳『組織心理学〈原書第3版〉』岩波書店, 1981）.

Schneider, B., Hall, D. T. & Nygren, H. T. (1974). Self-image and job characteristics as correlates of changing in organizational identification. *Human Relations, 24*, 397-416.

Schneider, B. (1987). The people make the place. *Personnel Psychology, 40*, 437-454.

Sekiguchi, T. (2004). Person-organization fit and person-job fit in employee selection: a review of the literature. *Osaka Keidai Ronshu, 54, 6*, 179-196.

Somers, M. J. (2009). The combined influence of affective, continuance and normative commitment on employee withdraw. *Journal of Vocational Behavior, 74, 1*, 75-81.

総務省統計局（2018）.「労働力調査（基本集計）就業状態別15歳以上人口，産業別就業者数，完全失業者数データ」.

杉森康二（1964）.「労働者はいまの社会をどうみるか」杉森康二編『日本の労働者』11-48, 三一新書.

Super, D.E. (1984). Career and life development. D.Brown, L. Brooks, & Associates (Ed.), *Career choice and development*, Jossey Bass.

鈴木竜太（2002）.『組織と個人：キャリアの発達と組織コミットメントの変化』白桃書房.

鈴木竜太（2007）.『自律する組織人：組織コミットメントとキャリア論からの展望』生産性出版.

髙木浩人（2003）.『組織の心理的側面：組織コミットメントの探求』白桃書房.
髙橋康二（2017）.「総論―基礎的指標による日本的雇用システムの概観」（独）労働政策研究・研修機構編『JILPT第3期プロジェクト研究シリーズNo.4 日本的雇用システムのゆくえ』20-94, 労働政策研究・研修機構.
髙尾義明（2013a）.「組織構成員のアイデンティフィケーション」組織学会編『組織論レビューⅠ 組織とスタッフのダイナミズム』193-239, 白桃書房.
髙尾義明（2013b）.「組織アイデンティフィケーションと組織コミットメントの弁別性：日本における組織アイデンティフィケーション研究に向けた予備的分析」『経営と制度』11, 65-80.
武石恵美子・林洋一郎（2013）.「従業員の自律的なキャリア意識の現状：プロティアン・キャリアとバウンダリーレス・キャリア概念の適用」『キャリアデザイン研究』9, 35-48.
竹内倫和（2012）.「新規学卒就職者の組織適応プロセス：職務探索行動研究と組織社会化研究の統合の視点から」『学習院大学 経済論集』49, 3, 143-160.
田尾雅夫（1997）.『会社人間の研究：組織コミットメントの理論と実際』京都大学学術出版会.
田尾雅夫（1998）.『会社人間はどこへいく』中央公論社.
田尾雅夫（1999）.『組織の心理学〈新版〉』有斐閣.
Trope, Y., Liberman, N. & Wakslak, C. (2007). Construal levels and psychological distance: Effects on representation, prediction, evaluation, and behavior. *Journal of Consumer Psychology, 17, 2,* 83-95.
宇田忠司（2007）.「境界のないキャリア概念の展開と課題」『北海道大学 経済学研究』57, 1, 63-84.
Van der Vegt, G.S., Van de Vliert, E. & Oosterhof, A. (2003). Informational Dissimilarity and Organizational Citizenship Behavior: The Role of Intrateam Interdependence and Team Identification. *Academy of Management Journal, 46, 6,* 715-727.
WeiBo, Z., Kaur, S. & Jun, W. (2010). New development of organizational commitment: a critical review (1960-2009). *African Journal of Business Management, 4, 1,* 12-20.
Whyte, Jr. W. H. (1956). *The organization man.* NY: Simon and Schuster, Inc.（岡部慶三・藤永保共訳『組織のなかの人間オーガニゼーション・マン 上/下』東京創元社, 1956）.
Wu, Q. & Bai, L. (2015). The optimal integrated performance of person and organization: the comprehensive utility of P-O bidirectional fit. *Beijing Institute Technology, 44,* 1256-1269.
山本寛（1994）.「勤労者のキャリア意識とキャリア上の決定・行動との関係につい

ての研究」『経営行動科学』9, 1, 1-11.
山本寛 (2008).『転職とキャリアの研究〈改訂版〉組織間キャリア発達の観点から』創成社.
山根一郎 (1987).「心理的距離と面識度水準の効果にもとづく対人経験の分析」『心理学研究』57, 6, 329-334.
山岡徹 (2006).「個人の心理的契約が組織コミットメントに及ぼす影響について」『横浜経営研究』26, 3・4, 73-86.

あとがき

　末筆となりましたが，本書は，横浜国立大学大学院国際社会科学府経営学研究科博士論文「個人と組織の心理的距離の研究―距離をとる行動のバリエーションとその影響―」（2020年3月）を加筆修正したものです。博士論文の執筆にあたっては，神戸大学大学院経営学研究科の服部泰宏先生にご指導いただきました。指導教官として研究の実施機会を与えていただき，その遂行にあたって終始あたたかいご指導と激励を賜りました。ここに改めて感謝の意を表します。

　中央大学国際経営学部のダニエル・ヘラー先生，横浜国立大学大学院国際社会科学府経営学研究科の二神枝保先生，高井文子先生，佐々木秀綱先生にはご助言をいただくとともに本論文の細部にわたり，ご指導をいただきました。記してお礼申し上げます。また，修士学生時代の私に，研究の楽しさと難しさを教えてくださいました法政大学大学院経営学研究科の小川憲彦先生に深くお礼申し上げます。

　本書のインタビューやサーベイを実施するにあたり，多くの方にご協力いただき調査を進めることができました。特に学友である豊澤栄治氏をはじめ，山下正司氏，鈴木由秀氏，大薮敏彦氏には，協力だけでなく支援や励ましをいただきました。本当にありがとうございました。また，これまであたたかく応援をしてくれた家族，友人にも心から感謝します。

　出版にあたっては，中央経済社の市田由紀子編集長に多くのご支援をいただきました。ここに改めてお礼申し上げます。ありがとうございました。

索　引

英数

Employee-Organization Relationship (EOR) …………… 3, 19, 47, 55, 97
EOR概念 …… 20, 37, 40, 45, 53, 106, 122, 141
Organizational Commitment Questionnaire ……………………… 22

あ行

アイディールズ（I-deals）… 20, 41, 43, 44, 47, 56
アライアンス ………………………… 6
暗黙知 … 4, 13, 43, 45, 56, 115, 176, 180, 185
因子分析 … 102, 106, 109, 119, 121, 140, 152
オーガニゼーション・マン …………… 5
オリジナル版グラウンデッド・セオリー・アプローチ（GTA）………… 68

か行

解釈レベル理論（CLT）……………… 51
階層的重回帰分析 …………… 124, 159
カテゴリー …… 71, 73, 74, 76, 78, 79, 80, 81, 83, 85, 86
カテゴリーグループ ……… 73, 74, 76, 77, 80, 82, 83, 85, 88
規範的コミットメント ……… 22, 23, 25, 106
キャリア成熟度 …… 102, 106, 110, 111, 120, 122, 146, 148, 152, 181

キャリアタイプ …… 103, 104, 157, 159, 179, 181
継続的コミットメント …… 22, 107, 122
結果図 …………… 73, 74, 77, 89, 179
コアカテゴリー …………………… 79
個人－組織適合（P-O Fit）… 20, 23, 24, 25, 28, 43
個人の信念 ………………………… 27
古典的EOR概念 …… 109, 120, 124, 133, 143, 151, 152, 176

さ行

サイドベット理論 ……………… 21, 22
自己効力感 …… 20, 102, 106, 110, 120, 122, 152, 178, 181
質問項目 … 106, 108, 109, 110, 111, 112, 116, 119, 152, 185
重回帰分析 ………… 102, 103, 115, 125
終身雇用 …………………… 6, 9, 66, 175
終身雇用制度 ………………………… 10
修正版グラウンデッド・セオリー・アプローチ（M-GTA）… 13, 14, 60, 68, 69, 70, 71, 73, 74, 77, 79, 89
情緒的コミットメント …… 22, 106, 107, 122
職務満足 ……………………… 30, 32
人的ネットワーク ………… 5, 6, 93, 175
心理的距離 … 3, 4, 48, 49, 57, 65, 68, 74, 94, 101, 151, 180
心理的契約 …… 20, 26, 27, 28, 32, 38, 41, 43, 45, 59
ストーリーライン ……………… 73, 74, 77
性格特性 … 103, 104, 157, 159, 161, 163,

167, 169, 170, 179, 181
成果主義 ……………………………… 8, 28
正社員 … 9, 10, 35, 38, 65, 103, 157, 175
組織アイデンティフィケーション
　…… 20, 29, 30, 32, 43, 46, 83, 102, 106, 107, 122
組織行動論 …… 4, 19, 20, 46, 47, 52, 55, 58, 59, 106, 176
組織コミットメント … 3, 20, 21, 28, 29, 32, 43, 46, 83, 92, 102, 106, 122
組織社会化 ……………………… 20, 33

た行

探索的因子分析 ………………… 116
チームワーク …………………… 20
長期雇用 …… 7, 56, 95, 157, 169, 175, 182
ディスアイデンティフィケーション
　…… 20, 39, 44, 53, 56, 84, 93, 102, 106, 108, 122, 153
転移 ……………………………… 12
転職 ……………………… 7, 10, 38, 66
転職経験 …… 28, 97, 103, 124, 157, 158, 161, 168, 169, 178, 179
転職者比率 ……………………… 65
転職入職率 ……………………… 10
転職未経験者 …………………… 96

転職率 …………………………… 175
同調行動 ………………………… 92

は行

バウンダリーレス・キャリア … 19, 33, 35, 36, 41, 46, 56
半構造化面接 ………………… 67, 68
フリーエージェント …………… 5, 41
プロアクティブ行動 …… 19, 33, 34, 37, 41
分析焦点者 ……………… 71, 73, 96
弁別性 …… 30, 61, 97, 102, 115, 121, 150, 151, 152
方法論 …………………………… 68, 69

ま行

満足度 ……… 34, 102, 106, 109, 120, 122, 152, 153, 181
モチベーション …………… 20, 23

ら行

リーダーシップ ………………… 20
離職意図 … 102, 106, 109, 120, 152, 153, 178

[著者紹介]

大橋 重子（おおはし しげこ）

大正大学地域創生学部准教授
横浜国立大学大学院国際社会科学府経営学研究科博士後期課程修了，
博士（経営学）
株式会社トーメン，ライフサイエンス系企業での勤務を経て現在に至る

[主要業績]

『コロナ禍の生活とジェンダー』（分担執筆，お茶の水書房，2023）
『女性リーダー育成への挑戦』（分担執筆，お茶の水書房，2021）
『ダイバーシティと女性』（分担執筆，お茶の水書房，2019）

個人と組織の心理的距離
――距離をとる行動のバリエーションと影響

2024年12月15日　第1版第1刷発行

著　者	大　橋　重　子
発行者	山　本　　　継
発行所	㈱中央経済社
発売元	㈱中央経済グループ パブリッシング

〒101-0051　東京都千代田区神田神保町1－35
電話　03 (3293) 3371（編集代表）
　　　03 (3293) 3381（営業代表）
https://www.chuokeizai.co.jp
印刷／三英グラフィック・アーツ㈱
製本／誠　製　本　㈱

Ⓒ 2024
Printed in Japan

＊頁の「欠落」や「順序違い」などがありましたらお取り替えいたしますので発売元までご送付ください。（送料小社負担）
ISBN978-4-502-50821-9　C3034

JCOPY〈出版者著作権管理機構委託出版物〉本書を無断で複写複製（コピー）することは，著作権法上の例外を除き，禁じられています。本書をコピーされる場合は事前に出版者著作権管理機構（JCOPY）の許諾を受けてください。
　JCOPY〈https://www.jcopy.or.jp　eメール：info@jcopy.or.jp〉

好評既刊

日本の人事労務研究

―日本労務学会50周年記念の集大成―

梅崎 修・江夏 幾多郎 編著
A5判・280頁・ハードカバー

様々な学問領域で，あるいはそれらを跨ぐ形で
展開されてきた日本の人事労務研究を振り返り，
その成果を踏まえて将来の研究のあり方を展望。

中央経済社